北欧・北極圏巡り

106日間の 地球一周船旅

戸山和子

地球を三周して　船旅のスス

悠光堂

広がる視野

一〇代のころから、世界を旅することに憧れていた私だった。でも、二〇代のときに数日間の海外への旅に出かけただけで、その後三〇年もの間、海外への旅は全くできなかった。

「広い世界を見て、この足で歩きたい」という夢を抱いていた私は、ひょんなことからツアーで地球一周船旅をすることができ、一九か国を歩いた。二〇〇七年（平成一九年）二月末から六月初めのことで、私が五九歳のときだった。中学生のときからの夢が叶ったと、私は満足しきっていた。

その後、送られてきた旅のパンフレットを見たり、前の船旅で一緒だった人の話を聞いたりしているうちに、もう一度船旅をして世界を歩きたいという思いが湧き上がってきた。船旅の魅力、牽引力はあまりに強かったようだ。そして前の船旅から八年近く過ぎた二〇一四年（平成二六年）一二月半ばから、南半球を一周する船旅に出て、翌年三月末に帰った。二〇寄港地を歩いた私は、前回同様に大満足であった。それまでより、視野が確実に広がっているはずだ。

そして今回の、地球三周目の船旅である。まだ行ったことのない北欧と北極圏も、是非とも見て、歩きたい。

六〇歳になる直前に初めての地球一周船旅をしたとき、私は自分の年齢を意識したことは無かったと思うが、七〇代になった今回の旅では、漠然とだが年齢を意識していた。七〇代だから無理しないようにとか、古稀だからいろいろな薬を持参しようとかではない。このように楽しい旅ができるこの年代は、本当に幸せだということで年齢を意識していた。

どのような楽しみも永遠に続くものではないが、極寒や極暑の地などを三か月余り歩き回ることなど、いつまでもできることではないだろうと思ったのだ。やりたいことはいつでもできるという年代ではなく、やりたいことは早くどんどんやらなくては、できなくなってしまったらいけない、という思いがどこかにあったようだ。

旅、特に船旅のことに思いを馳せると胸が躍る。人生後半生に自分が好きなこと、楽しいことをするのは、とても幸せなことである。この幸せをほかの人とも共有できたら、さらに嬉しいことである。

お節介と見られても、同年代の方々が各自の好きなことをして、共に幸せを満喫し人生を謳歌していけたら、とても素敵なことだと思う。

数一〇年前に観た　『黒い絨毯』という映画
小さな蟻の大集団が　暴風のような勢いで　移動していた
蟻が通過した後は　動植物の全てが　食い尽くされ
人間までもが食い尽くされ　何も無い　荒れ地になっていた

集団で　あの小さな蟻が　大移動をする
車も船も飛行機も持たない蟻が　何かの意思があるかのように

人間である自分が　文明の利器の力を借りて
移動することなど　全く大それたことではない

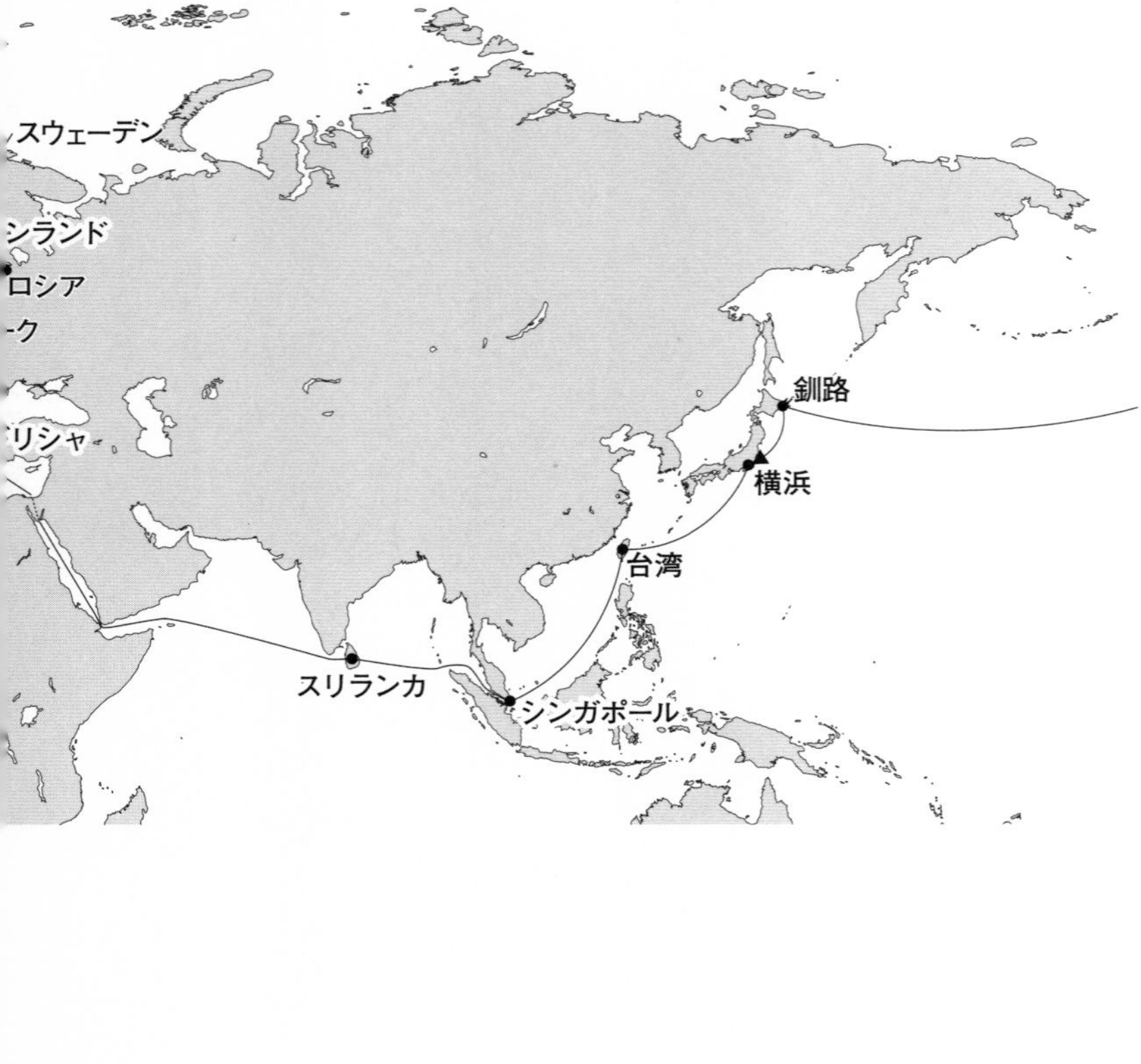
スウェーデン
シランド
ロシア
ーク
リシャ
釧路
横浜
台湾
スリランカ
シンガポール

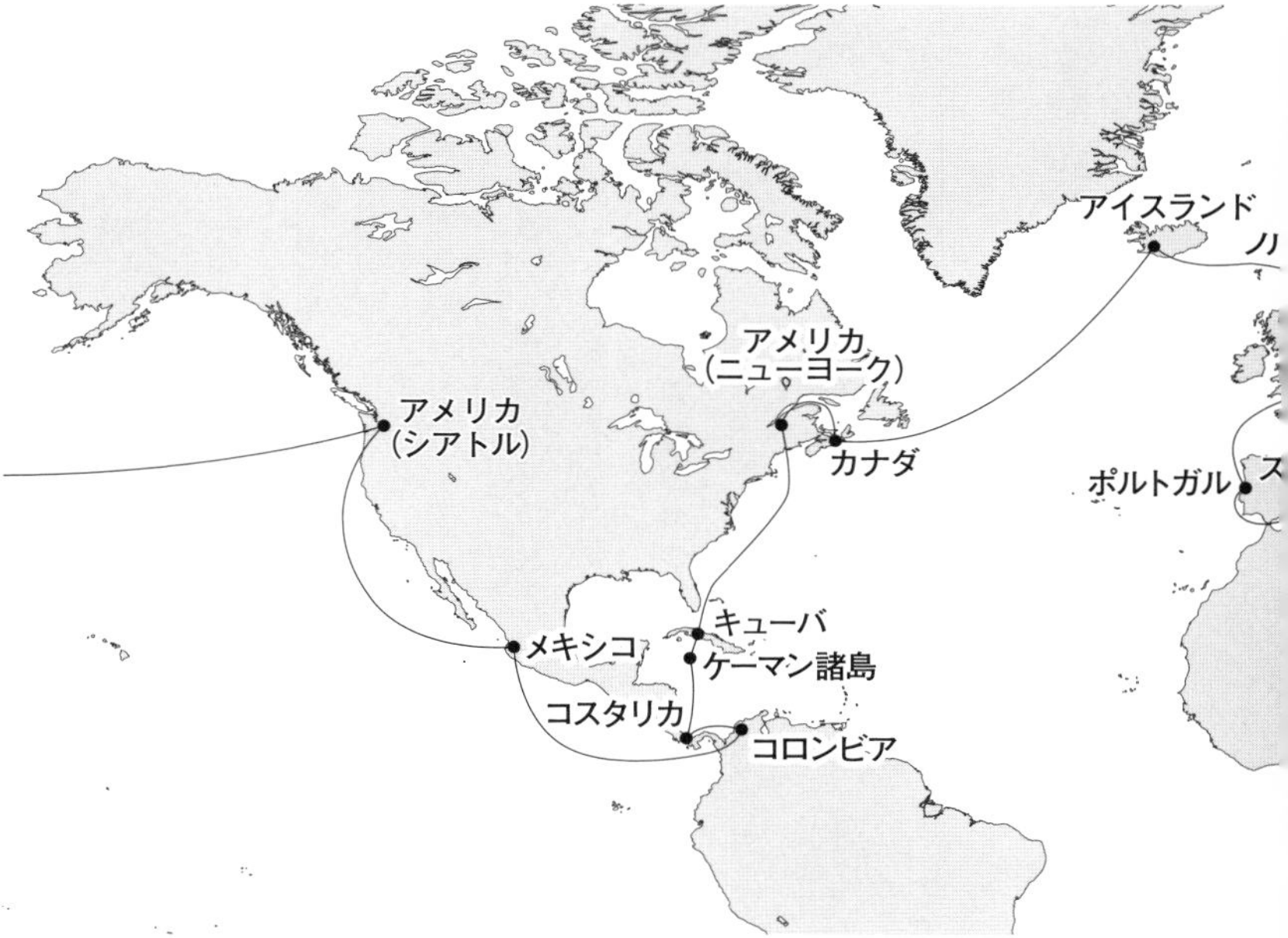
アイスランド
ノ
アメリカ
(ニューヨーク)
アメリカ
(シアトル)
カナダ
ポルトガル
ス
キューバ
メキシコ
ケーマン諸島
コスタリカ
コロンビア

目次

一章

三度目のアジアの国々

横浜出港／三度目の挑戦…………………………五月八日（火）

まだ訪れていない北欧や北極圏を巡る、三度目の地球一周船旅に出ると決断したのは早かった。

二〇一八年（平成三〇年）五月八日に船出だ。三度目の船出も、これまで同様に期待いっぱいで胸を躍らせている。今回も多くの所に足を運び、あちこちの風景やたくさんの物事を見てきたい。

見なかったもの　見えなかったものを　見るために
内に沸き上がる力に駆られて　旅に出た
一〇〇日余りの　異国への旅
同じくらいの時間をかけて　旅の準備をした

乗船した日の午後四時からオリエンテーションがあり、概要が分かる。

「乗客は三歳から九二歳までで、総勢一〇〇〇人。未就学児は一一人。日本の全ての都道府県から参加している。他に台湾、中国、韓国、香港、タイ、シンガポール、マレーシア、ネパール、マカオ、ニュージーランドからの乗客がいる」

ということで大勢の乗客でごった返し、幾つもの言語が飛び交っている。ピースボートという船についての説明もある。

「ピースボートが航行するようになって三五年になる。年に三回地球一周をしている。一九八三年にピースボートが設立され、人と人、人と文化、人と歴史を繋いでいる。小さな繋がりが平和を作る。支援物資を積み、ロゴを船体に掲げている。国際交流の船旅をしていく。ピースボートは小さな村であり、大きな家である」

所属している組織の核兵器廃絶国際キャンペーン（アイキャン）が、前年『ノーベル平和賞』を受賞してから、ピースボートへの注目度は大変高まっているようである。

日本語、英語、中国語、韓国語と、四言語で次々話されるのには驚き、一瞬耳を疑ったが、それぞれの地域の雰囲気が分かるようで面白い。

神戸出港／四人部屋に　……………………　**五月九日（水）**

神戸港から多くの人が乗船し、前夜は二人だけだった私たちの船室も四人部屋になった。私と同年齢の人と、一歳上の人と一歳下の人の四人で、みんなで挨拶や自己紹介をしあった。同年齢のシズコさんも映画が好きで毎晩観たいと言い、早速気が合った。一歳上のチヨコさんと一歳下のカオルさんは、良さそうな映画だけ観に行くと言っている。ピースボートへの乗船は、私とカオルさんが三回目で、チヨコさんとシズコさんは初めてだそうだ。シズコさんは旦那さんが数年前に乗船し、良かったからと勧めてくれたので乗船することにしたと言う。

「同じ船室になったのも何かのご縁があったからでしょうから、これといった用事がないときはご一緒に夕食を摂りましょうね」

と提案して、初日から一緒にレストランに行った。

一〇六日間の　船上で
波に揺られ　海を眺めていく
一〇〇〇人以上の乗客が　行き交う船内生活は
昼夜に続く　乗組員の労働の上にある

船内講座 ……………………………… 五月一〇日（木）

水先案内人として船に乗り込んだ講師が、それぞれ専門の掘り下げた話をする船内講座が始まる。これが面白く為になるので、「ブロードウェイ」という大きな会場が毎回、大体いっぱいになる。講座での話や映像で、私は知らなかったことを知る。また講座の様子は、船内の一つの風景のようにもなっている。

初回は、元新聞記者の野嶋さんの「台湾について」の話である。
・台湾の人は親日で、五六パーセントの人が日本を好き。日本人も五九パーセントの人が台湾を好きで、年間二〇〇万人が台湾に行っている。
・台湾のエネルギーは脱原発で、台湾という国土を大切にしている。
・台湾は共働きが盛んなので、介護にインドネシア人などの外国人を活用している。六〇から七〇万人の外国人が、家族の一員となって働いている。
・先ずは導入し、問題を修正していくという華人社会の発想がある。
・アジアで最初に、同性婚を合法化した。
知らないことを知っただけ、その国と自分との距離が縮まってくるようだ。
川崎哲さんは「アイキャンについて」話した。
・アイキャンは、核兵器のない世界を作る活動でノーベル平和賞を受賞した。賞のレプリカを、活動している一〇の団体が貰っている。持参しているので、後で写真を撮りましょう。
・核実験での爆発はこれまでに二〇五〇回以上ある。
川崎さん自身のことを話し、アイキャンについての説明もある。

・（川崎さんは）一九九八年に、ピースボートに初めて乗った。
・（川崎さんは）二〇〇三年から、ピースボートで働いた。
・アイキャンという国際運動だが、ピースボートの役割は大きい。
・二〇〇七年、オーストラリアの医師たちによってアイキャンが成立した。
・二〇〇八年から、ピースボートがおりづるプロジェクト（被爆者証言の航海）を始めた。
・二〇一〇年に、ピースボートがアイキャン（核兵器廃絶国際キャンペーン）の組織に入った。
・二〇一七年七月に、一二二か国の賛成で核兵器禁止条約は採択された。日本は参加しなかった。
・二〇一七年一〇月にアイキャンがノーベル平和賞を受賞した。
川崎さんはさらに、ピースボートがどのような船を使い、どのような航海をしてきたか等を詳しく話し、私も懐かしく思い出していた。乗る船については、きちんと知っておきたい。

ハンセン病　……………………………　五月一一日（金）

「ハンセン病を生きて」は、水先案内人の森元美代治さんが話した。

一九三八年に鹿児島に生まれ、一四歳でハンセン病に罹《かか》ったという森元美代治さんは、その後強制隔離など、さまざまないじめ、差別、偏見などを受けた。奥さんもハンセン病だが、一見分からない。美代治さんは車椅子で登壇している。ハンセン病についての無知から偏見やいじめが生じ、隔離など人権を無視した差別が生まれていた話を直接聞くと、さらに胸が痛む。

現在も別の問題で無知からの偏見や差別がないか、常に念頭に置く必要はありそうだ。

1　台湾（中華民国）で考える人権

景美国家人権博物館　……………………　五月一二日（土）

目覚めた四時半ごろ起きて、私は八階の公共スペースに上がった。海は薄ぼんやり見えるだけなので、デッキには出ないでソファーに座って海を眺めることにした。

地球を巡る船旅
海に見惚《みと》れ　水平線や空を飽かず眺める
これまでの旅では　はしゃぎ浮かれていた
この旅では　今まで見えなかった何か　素《す》の自分も見えるか

時間が経ち明るくなったので、私はオープンデッキに出て、朝日が昇ったところを見た。少しずつ出てくるところではなく、ちょうど昇りきったところであった。オレンジ色の濃い、大きくて真ん丸な太陽が、輝いて揺れている。船が揺れているからだが、太陽が揺れているように見える。朝日が昇る前後は、いつ見ても特別美しい。

台湾の「景美国家人権博物館」に行き、「白色テロの時代と人権」の資料を見たり、説明を聞いたりする。八八歳の鐘《しゅう》さんと、八七歳の蔡《さい》さんの二人が案内してくれる。鐘さんは二二年間、蔡さんは一四年間収容されていたと、自己紹介で言う。

・一九四五年に、台湾は日本ではなくなったと喜んだが、インフレやモラル低下、汚職がはびこった。米の値段が二万倍にもなった。

・一九四七年の二・二八事件から、一九八七年に戒厳令が解除されるまでの期間を『白色テロの時代』と言った。

・二・二八事件とは、中国国民党政権による民衆への弾圧・虐殺が始まった事件である。

・国民党政権は戒厳令を敷き、政府に批判的な言動を徹底的に弾圧した。

・国民には相互監視と密告が強制され、それを守らなかったが故の犠牲者は一万八〇〇〇から二万八〇〇〇人に上るとされる。

『仁愛妻』という建物に入ると、虐待の様子が展示されている。

・五から六坪の部屋に、三〇人もが押し込められている。
・後ろ手に縛って吊し上げられ、棒で叩かれている。
・体を縛り付けられて熱湯をかけられたり、蜜を塗られた体を大量の蟻に食わせられたりしている。

展示を見ながら説明を聞いていると、目が潤んでくる。以前見た、幾つかの戦争映画の場面も浮かび上がってくる。

戦争中や社会が安定していなかったときは、どこの国にも同じようなことがあったと思われる。テレビ記者だった水先案内人は、ここを訪れるバスの中で「権力者が何をするのか、どこまでするのか見てきたい」と、話していた。私は「戦争中日本人は酷《ひど》いことをしたと思うのに、台湾の人はどうして親切にしてくれるのか知りたい」と思っていた。

このことについて鐘さんは、

・「『犬が去って豚が来た。豚は犬よりも悪い』とも言われた。失礼ですが犬は日本で、豚は中国です。豚は大食いしてぶくぶく太るばかりで……」

と言い、みんなの苦笑を誘った。

また、

・中国大陸は六〇〇〇年もの間、戦争、戦争であった。植民地になったとき、日本は明治維新で追いつけ追い越せの政策をしていて、その政策を台湾でも行なった。

・また、（鐘さんたちの世代は）人格形成期に日本の教育を受けたから。

ということだ。お二人とも、数年間日本に滞在していたことがあった。

・「『中華民国』という名ではなく、『台湾』という名前がいい」

とも言った。

博物館を後にするとき、お二人はバスが停まっている所まで来て、私たちがバスに乗るときは一人一人にお礼を言っていた。かなり暑い日で、説明はずっと立ちっぱなしでしてくれたのに、バスが走り去ってもまだ立って見送ってくれていた。数日前、水先案内人の野嶋さんは、

「蒋介石は日本で勉強したこともあり日本好きで、戦後も多くの日本人を中国から帰国させたりしている。日本のあちこちに、蒋介石の銅像があったり祭られたりしている」

と話していたが、立場や見る方向によって、全く別の見方があるのだ。

台湾の人の親切さについて、夕食時に若い女性が言った。

「台湾の人って親切ですよ。台北と仇分に行ったんですが、七人乗りのタクシーに六人で乗って行ったんですよ。降りるとき運転手さんは、私たちがドアに頭をぶつけないようにと、手を置いてくれたんですよ。そんなことは初めてだからびっくりしました」

別の女性は、

「街中でちょっと立っていたら、若い女性が寄ってきて、『どこへ行きたいんですか?』って日本語で聞いてくれるんですよ。日本を大好きみたいでした」

と言う。高齢の人は日本語がぺらぺらで日本人に親切だと思っていたが、若い人もそうだったのかと私も感じたことを話した。

台湾で乗船し、台湾芸能を披露した台湾の若い人、それを熱心に観て、盛んに拍手していた中国の人、両者は仲良くなりそうだ。というより、すでに仲が良いようだ。

水先案内人である森元美代治さんの話は、「ハンセン病について」だ。ハンセン病に罹患《りかん》した故に大きな差別を受けていた。
一九三一年に日本では「らい予防法」が制定され、ハンセン病患者を療養所に強制隔離した。当時植民地支配をしていた台湾や韓国でも同様の療養所をつくり、強制収容を行なった。今回ツアーで、その台湾の強制収容所を訪れた人たちがいたのだ。
私は日本の本や映画で、日本や日本人の、ハンセン病(らい病)への無知、偏見、差別の実態を知り、驚いたり涙ぐんだりしてきたから、台湾の実態も少しは想像できる。

水先案内人の話……………………………………………**五月一三日（日）**

何人かの水先案内人の話を興味深く聞いていく。

新聞記者だった野嶋さんは、「イラク戦争従軍記者として」の仕事の様子を軽く話すが、危険と隣り合わせの取材で、気軽に新聞を読んでいる自分で申し訳ない感じがしてくる。実際、ベトナム戦争では日本人記者一三人が死亡し、その後も一〇人ほど死亡したそうだ。記者の人権も守られないのだろうか。

テレビ記者だった下村さんの「報道陣が日々現場で悩んでいること」では、相手を傷つけずに訊くことだとか、取材ではなく対話をするように気をつけるとか、何が見えないかを伝えるとかの話を聞いた。

船内生活……………………………………………**五月一四日（月）**

水先案内人の宇井さんは現役のアニメーション監督で、手塚治虫さんと組んだりして、数多くの作品を出している。「自己紹介」では、「実は絵も描けないし、漫画もあまり読んでいない」とか「大学も落ちて」とか言っている。しかし仕事で「五徹（夜）」というのをした」と言って、驚かされる。また、「大ヒット作『タッチ』を二四歳で演出した」とか、「『ジャングル大帝』では、四〇〇枚ぐらいの絵がある」とか並外れたことをやっている。今回は自己紹介だけのようである。

水先案内人の野嶋さんの「分かりやすい文章」についての話や、下村さんの「フェイクニュースに踊るな」の話は、すぐ決め付けない、即断しない、鵜呑《うの》みにしない、偏《かたよ》るな、と興味深い。

旅は　出合いの連続
人と　風景と　船内講座のもろもろと
船上には　地上には無い目新しいことが多い
旅は　発見や学びの連続

この日の夕食時には、社交ダンスをしている男性が同じテーブルにいて、その話を始めた。

「この船は女性の乗客の方が多いから、社交ダンスのときは男性がモテるんですよ」

社交ダンスをしている女性もいて、口を開いた。

「ええ、そう。男性がいない列が一列あって、最初の列の男性がもう一度踊るの。私と当たるはずの、腰や背中の曲ったおじいちゃんは、私の前をスーッと通り抜けて、ショートパンツをはいた若いピチピチの女の子の前に行ってるの。そして始まると、踊るというのではなく、こうやって引き摺られるようになっているのよ」

と言ってその真似をしたので、私を含めた何人かは吹き出していた。

「自分が思っているのと人が見るのと、違うんでしょうね」

と私は言い、通り抜けられた女性は、かなり若くきれいな人だと見直していた。


台湾先住民の映画／名作動画／台湾の芸能／リピーターの集い……………五月一五日（火）

野嶋さんの「映画『太陽の子』を観て」では、台湾先住民についての話を聞いたり考えたりした。アミ族の実話を基にしたという映画の中で、「昔は清が、今は金が、土地を奪っていく」とか、「先住民こそ台湾の主」と言っているのが頭に残る。稲が実っているときに排除を開始した当局は、稲穂ともども田を掘り返していき、座り込んでいる先住民の無念さがひしひしと伝わってくる。先住民の問題も、他国のことではなく、日本の問題でもあるのではないか。

宇井さんが「市民が作る名作動画一挙上映会」をした。六作品を見ていき、最後に一番良かった作品を決めると言う。「スマホ一台であなたもメディア」とか「私だからできた」とか発信して、作品を募集したようだ。私は軽い気持ちで見始めたが、面白くて次第に引き込まれていった。香港の「雨傘革命」という作品を私は選んだが、一位になったのは「栄子七〇歳」であった。七〇歳の女性の奮闘ぶりがとても面白かったから、当然の結果かと思える。短時間で面白い作品を仕上げる人たちには感心した。

「台湾伝統劇団パフォーマンスショー」を観る。

ショーをするために、台湾から乗り込んだ人たちが、大太鼓を打ち、二頭の紙の竜をダイナミックに振り回して踊る。かわいらしい紙人形の踊りもする。頭と顔をすっぽり覆った大きな被り物だから三頭身ほどに見える。着物は金色に輝き派手な色と柄で、短い。四人全員若い男性だ。大きく動き回り、サービス精神旺盛で、ステージに客を上がらせて踊ったり写真を撮ったり、花吹雪を舞わせたりして、大奮闘だ。予想以上の迫力で、感動的である。

隣席にいた中国の人らしい青年二人も、ジッと観ていて満足そうな表情で、大きく拍手をしている。

「リピーターの集い」がある。二回目乗船の前回は、四階レストランに大勢の人が集まり、立ったままワイワイガヤガヤしていたが、今回は入って右側半分に全員が座ってこぢんまりしている。リピーターはこんなに少ないのかしら？　そんなはずはないと思うけれど……。

赤ワインを一杯飲み、オードブルをつまみ、ピースボートのスタッフたちの挨拶を聞いた。

隣にいた女性は、二回目だが他の船旅や飛行機での旅を時々していると言う。さらに、

「夫が快く出してくれるからありがたい。こんなに旅ができて嬉しい。日本はいい国だと思う。こんなに自由に旅ができる国はないと思う。豊かでマナーが良くて。中国や韓国の人

も、日本に来ると日本の良さが分かって、もう帰りたくないって言うみたい。自由なんだって。私も働いていて、そのお金で旅をしているから、夫も文句を言わないの」

と、十分に船旅を楽しみ満足している様子である。私も同感だ。

昼食時には、以前にも何度か言葉を交わしたことのある人と話した。オリンピックの年に八〇になると言っていたので七八歳だろう。上品なお話好きな女性で、特に自分の体調のことをよく喋る。

「出発前に骨折して一か月ほど入院していたんです。心配だったけれど、娘たちが応援してくれたので出てきました。でも昨日はシャワー室で転んで腰を打ってしまったので、痛くて痛くて」

と言う。それはさぞ大変なことだろうと思い、私は労りの言葉を掛けた。

しかしシャワー室だけでなく、船内には段差やあちこちにある丸い柱や重いドアや強風や大波の揺れやと注意を要する場面はいっぱいある。これらを危険と見ているようでは船旅はできない。というより、どのような旅をするにしても、注意深さや体力は必要であろう。私は今回もエレベーターではなく、階段で上り下りをし、デッキでウォーキングをし、ジムに行き、ヨガや体操をしてと、暇があるときは体を動かすようにしている。

ドイツ国際平和村／宇井さんのアニメ ……… 五月一六日（水）

水先案内人の女性タレントが関わり、何回も訪れているという「ドイツ国際平和村」の話が始まった。まだヨーロッパではないし、女性タレントも乗船していないが、ドイツのオーバーハウゼン市にある戦争で傷ついた子どものための病院での話である。九・一一後はアフガニスタンの子どもたちが多いということだ。紛争地域で生活している子どもが約二億五〇〇〇万人もいるそうだ。そこで傷ついた子どものうち、治る見込みのある子をドイツ国際平和村に連れていき、治療した後に親元に帰す。何回も痛ましい映像を見て、こんなにも酷いことがあったのかと、私は心が震える思いであった。

水先案内人の宇井さんの講座「響け『平和交響曲』～アニメーションで世界の平和と未来を奏でる」に出た。宇井さんがピースボートに初めて乗船したとき、一五か国から四〇〇枚位の絵を集めたそうだ。その絵の花や木や蝶を動かしながら曲を流していく。特別なものではない絵だけれど、曲に合わせて絵が動くとなんとも可愛らしく、立派な作品になっている。宇井さんは凄いことをする人なんだと、目から鱗が落ちるようだ。

アニメの作り方／台湾環島《かんとう》 ……… 五月一七日（木）

宇井さんの「すべて見せます！アニメーションの作り方」の講座は、①企画書 ②企画 ③キャラクター ④脚本……と映し出し⑳効果音まである。これをみんなで作っていこうということだ。

アニメはもっともっと簡単に作れるのかと私は思っていたけれど、原画六五枚で四秒ということを聞くと、大変さが伝わってくる。宇井さんはいつもふざけた感じの人だが、狙いをつけたものには惜しげもなく時間をかけているようだ。

「大変だけれど好きなことだからいいんです。命を生むのは大変なことなんです」

「好きなことをやる。やろうと思ったことをやる」

と、淡々と語る宇井さんの決意に、私も力を与えられる。

でも、私はアニメーションを作るメンバーにはならないことにする。アニメを見るのは楽しいけれど、作ろうとはこれまで考えたことがなかったくらいだから、そこまで好きではないようだ。

水先案内人の野嶋さんは「台湾で環島《かんとう》が盛り上がる理由」の話をする。
・環島とは台湾を一周すること。台湾一周は一〇〇〇キロメートルある。
・戦後の台湾は中国であり、台湾の人々は中国人だった。
・一九九〇年代からの民主化の結果、抑え込まれていた台湾人意識が強化された。
・故郷の台湾への関心が増大し、環島ブームになった。
ぐるっと回って、台湾のことを隅々まで知るのだそうだ。一八日かけて一周した七三歳の男性の映像が出る。平均年齢が八一歳の台湾の五人の男性の映像では、「人は何のために生きるのか」「夢」「環島」などと言っている。野嶋さんは長年台湾を取材してきて、「環島は自己発見の旅であり、台湾人の夢であると見ている」と言う。

　野嶋さんも八泊九日の自転車環島のツアーに参加したそうだ。「温泉がたくさんあり、毎晩温泉に浸かっていましたよ」と言う。また、

「今やらなければ一生できないことがある。夢を追いかけるときは自分の年齢を忘れてしまう。私の人生で最も価値のあること」

と、熱く語る。さらに日本では「四国一周」「琵琶湖一周」「佐渡一周」「屋久島一周」「東北一周」「九州一周」があると紹介し、私のように考えたことのなかった人の目を開かせてくれる。

2 シンガポール共和国で見る繁栄と戦跡

シンガポールの戦跡 …… 五月一八日（金）

　シンガポールに寄港した。初めて、単なる観光ではなく昭南島と呼ばれた時代の歴史を見てくることにしている。ガイドをしてくれたのは、前回の旅のときピースボートのコミュニ

ケーションコーディネーターをしていたシンガポール在住の小林さんである。

前回も前々回もあまり気がつかなかったけれど、車窓から見る街全体の様子や美しさがよく見える気がする。どの建物も堂々としていて美しい。ススけた汚れなど見えない。道路脇や広場には高低さまざまの木が茂り、それぞれに鮮やかな色の花が咲いている。見回してもごみ一つ落ちていない。枯れ葉が一枚二枚落ちているだけだが、それを掃いている人がいて、ちり取りに入れている。

日本のビルも素晴らしいものがどっさりあるけれど……どこが違うのだろうかと見回す。ガイドさんの案内で、目の前のそここに日本人建築家の設計したビルが聳《そび》えているのを知ると誇らしくなる。

「金融業界でも、世界のトップスリーはニューヨーク、ロンドン、そしてシンガポールか香港ですからね。日本は入っていないんですね」

と、ガイドさんが言うと、日本の人も頑張ってほしいなと、私は他人事のように思っている。
・一九四一年に太平洋戦争が始まる→日本はイギリス領マラヤへ侵攻した→一九四二年に日本は、シンガポールを占領し昭南島と改称した→このとき激しく抵抗した中国系住民の多くが日本軍によって殺害され、現在も一部に根強い反日感情を残している→

一九四五年にシンガポールはイギリスの支配下に戻り→一九六五年にシンガポール共和国として分離独立した。という歴史がある。

〔日本人墓地〕に行くと、きれいに手入れされた公園になっている。雑貨商として成功した木田さんという人がゴム林の一部を提供してできたものと記されている。薄紫色のブーゲンビリアの花がたくさん咲いている。「殉難烈士の碑」があり、昭和三〇年に政府が作ったと記されている。一三七柱のBC戦犯の墓もある。あちこちに、背丈を越える高さのプルメリアの白い花も咲いている。プルメリアの花には、他にいろいろな色があるそうだが、墓地だから白い花の木にしたのだろう。

この墓地には、ヨーロッパから日本に帰る途中、インド洋上で亡くなったという二葉亭四迷のお墓や、数一〇人分のからゆきさんのお墓もある。明治時代からのからゆきさんは、数万人にものぼると聞いたことがある。ここは東南アジア最大の日本人墓地だそうだ。それぞれのお墓と、墓地内にあるお寺の本堂でお参りをしたり、墓地内の道をあちこち歩いたりした。お手洗いは鍵が掛けっぱなしであり、本堂脇を行き来していたお坊さんは挨拶もしなかったので、歓迎されなかったのかなとちょっと気になる。

〔チャンギー博物館〕には、日本占領下に行なわれた連合軍捕虜虐待の歴史が展示されている。第二次世界大戦中の日本統治時代に、日本軍の捕虜となったイギリスやオーストラリアなどの連合軍兵士の収容所として、戦後は日本軍の戦犯者の刑務所として使われていたそうだ。外は暑いのに、館内に入った途端ぞくっとするほど冷房が効いている。予想通り間もなく寒くなる。そんなとき、受付にいた中年の女性が私たちのところにストールを持ってきて貸してくれた。細やかな心遣いに嬉しくなるが、肝心の展示物の案内や説明は全くない。ガイドの小林さんに任されていて、文字ばかり多い展示物を足早に見ていく。日本人に親切でない感じはするが、加害国の国民である私たちに、六〇〇〇人殺害したとか、いや二万人殺害したとか語らないためではないかと気づいた。シンガポールの考え方としては「許しましょう。でも戦争があったことを忘れてはいけない」ということのようだ。

〔血債の塔〕は、日本占領時期死難人民記念碑のことで、戦争記念公園の中にある。

・シンガポールが独立する前に、人々が虐殺された場所が一三か所ある。
・二万人が犠牲になった。
・その犠牲者の霊を慰めるため、また、このような惨事を二度と繰り返さないようにと、シンガポールと日本の両政府の協力で、一九六七年に建てられた慰霊塔だ。

・六八メートルの高さがある。
・中国人、インド人、マレー人、ユーラシアンを表わす四本の柱が寄り添い、空に向かって伸びている。

日本人女性のガイドさんが説明する。

まとまって少しねじれた、四本の柱が屹立《きつりつ》している。何人かが、手を合わせている。日本人墓地にも、戦争記念公園にも、私たち以外の人影は無かった。

〔マーライオン公園〕には帰りに寄ったが、多くの人が行き来していた。近辺を歩きながら、私は考えた。過去の歴史は厳粛な事実として顧みる必要があるけれど、過去は本当に重要なことではないのではないか。厳然《げんぜん》としてある過去は、もう変えられないものだから、過去からは学ぶだけで、現在や未来に目を向けて歩んでいくことこそが大切ではないかと思っていた。

アニメ作り　……………………………　**五月一九日(土)**

宇井さんの、アニメを作る続きの講座が始まった。「ジャングル大帝レオ・手塚治虫先生と創る」となっている。創ることに参加すると、手を挙げた人は大勢いるようだ。私は手を挙げていないが、その様子を少し見ていた。宇井さんの言葉が耳に残る。

「専門学校では、『日本の小説を一〇〇冊、外国の小説を一〇〇冊読め』と言われて、読んだ」

これを聞いて私は、やはり凄《すご》いと思った。五徹（夜）とか、三時間睡眠と言っていたのも思い出した。

アニメ観賞／急患 ……………………………… **五月二〇日（日）**

宇井さんが「リクエスト上映会〜アニメ編」の講座を開いた。

ブロードウェイの会場にいる人たちに聞きながら、リクエストの多いアニメ作品をその場で上映するものである。私はアニメ作品をあまり観たことがなかったが、「ジャングル大帝」の二話とか「森の伝説」とか、可愛らしい登場人物（動物）たちが必死に生きていく内容は感動的で、とても楽しい。少しずつ入る宇井さんのコメントも作品の良さを浮き立たせている。

急患が出たという船内放送が入り、それから一時間半ほどすると、小さなオレンジ色の船が近づいてきた。八階にはそれを見ようとしている人が集まってくる。「ＳＡＲ」と書かれた小型船というよりヨットには、ざっと二〇人余りの乗員が見える。急に体調を崩したりしたら大変だ。少し見ていただけで、これといったことが行なわれないうちに私は七階の自分の船室に戻った。

3 スリランカ民主社会主義共和国での交流

スリランカの女性 …… 五月二一日（月）

ニーラクシ・プレマワーデナという、スリランカの女性の水先案内人から、「スリランカの女性」についての話を聞く。

・スリランカの女性は、常に優遇されていた。
・スリランカで母親は、家庭の長であり『ブッダ』と呼ばれている。
・南インドから支配を受けていた。
・一九六〇年に、世界初の女性首相が出た。
・女性には、男性と同じ賃金が支払われる。
・大学に進学する学生のうち、六〇パーセント以上は女性である。
・課題としては貧困、職場と家庭の両立の難しさがある。

スリランカの女性像が浮かび上がってくる。

私はこう感じる …… 五月二二日（火）

ヨーロッパまではまだ日数がかかるが、オランダ在住の日本人女性の水先案内人が、

「モンテッソーリ教育」の入口のような部分を話した。
・私はこう感じる、は民主主義の基本。
・失敗は友だちだ、とか。

白い　綿菓子のような雲が流れていく
デッキのチェアで　頬や手足を　風に撫《な》ぜられながら
壮大な宇宙　地球　海に抱かれ
心地良い揺れに身を委《ゆだ》ねている

スリランカの若者との交流……………五月二三日（水）

コロンボに寄港し、「日本語を勉強するスリランカの若者との交流」で出かける。港付近には高いビルが多い。建設中のものも見える。

ラキさんとウラヤさんという、若い男性二人のガイドさんが案内してくれる。二人とも明るく、漫才をしているような感じで親切だ。日本語も上手で、案内はしっかりしてくれる。
・スリランカとは、「光り輝く島」という意味だ。
・スリランカは、シンハラ人が七六パーセントで他にタミル人やムスリム人がいる。

・港近くの建物は、イギリス時代に建てたものが多い。
・仏教の国なので、お寺はたくさんある。
・ポルトガル人が来て→一六四〇年にはオランダ人が来て→一八一五年にイギリス人が来て植民地になり→一九四八年にイギリスから独立した。

背丈が高く太い幹のガジュマルの木の並木道は、道路の幅も広く、ゆったりとしている。

ケラニア大学の学生との交流会。一二〇人が日本語を勉強しているそうだ。二階の会場に入ると、女子学生が伝統衣装でダンスを見せてくれる。五人ずつほどのグループが何組か踊ってくれたが、ダンスはもちろん衣装もそれぞれ違うもので、速いテンポで踊る姿は、若やいで華やかで、楽しい雰囲気になる。

ダンスに見惚れていると、一階の食堂で昼食ということになる。ビュッフェ方式で、八種類ほど並んでいる料理を取り分ける。黄色いご飯、魚、肉、茄子、豆、フルーツサラダ、果物(バナナ、パパイア、パイナップル)。

私たちが席に着いて食べ始めたころ、学生たちが来て取り分け始めた。ちょっと申し訳ない。私たちにはフォークやスプーンや箸が用意されていたけれど、学生たちは手で食べている。習慣の違いとはいえ、スリランカの女子学生が気にしているのではないかと思って気になる。

食後は二階に移動して、再び交流の時間だ。先ず一年生が、スリランカの紹介をしてくれる。

・スリランカは独立した島国。
・人口は二〇〇〇万人。
・国花は青い睡蓮。ライオンや象が多い。
・ココナッツやゴムやシナモンの木も多い。
・宝石の国とも言われる。

またスリランカの五つの文化も、それぞれの衣装や舞踊で見せながら説明してくれる。

訪問した私たちは、返礼として、前日話し合っておいた「幸せなら手をたたこう」を歌った。

それからは、小さなグループごとや個々人で、話したり、筆で字を書いたり、大型の椿のような葉で王冠や、アラリアという花で花輪を作ったりした。そして、大学側で用意してあった民族衣装のサリーを、訪問した女性二〇名ほどに着せてくれた。コロンボの女子大生は穏やかで親切で優しい。もちろん日本語が上手だ。スリランカの公用語の一つであるシンハラ語と日本語は発音や文法が似ているのだそうだ。

歓迎されるばかりのような交流中、外では大雨が降っていた。

日本語を勉強している　コロンボの女子大生
流暢な日本語で話す
「日本に行ってみたい」「日本が好き」「箸の文化がいい」
生まれて初めてのサリーを着せてもらい　私は単純に喜んでいた

雨がほとんどやんだとき、〔ガンガラマ寺院〕に行った。鮮やかな色使いや金箔銀箔を施したところの多い寺院は、日本のお寺とは明らかに違う。
最後に寄ったショッピングモールは、日本のあちこちにあるものと同じで、広い店内に商品が溢れ返っている。

休養日……………………………………**五月二四日（木）**

寄港日の翌日はゆったり過ごす日で、講座などは無い。映画だけはあるので、私には映画三昧の嬉しい日でもある。

おりづるプロジェクト……………………**五月二五日（金）**

「おりづるプロジェクト」の話を聞く。「ピースボートは二〇〇八年に、世界の核廃絶を目的に『おりづるプロジェクト』を始めた。広島と長崎の被爆者がピースボートに乗船し、寄港地で被爆証言と核廃絶への思いを伝えていくものである」

今回は三名が乗船していて、台湾では同じツアーであったり、船内でも言葉を交わしたりしている。

以前読んだ、岩波書店の『岩波講座文学七（表現の方法四日本文学にそくして下）』という本の内容が浮かび上がってくる。

「アメリカ一国の核貯蔵量だけ……（略）……八百四十九万八千五百二十三キロトンもあり、これは広島に使用された原爆の六十一万五千三百八十五倍の威力をもつものである。このほか……（略）……国などを含めてこの地球上に貯蔵されている原水爆の量は、おそらくこの地球という星の表面を隈なく数十回爆破し尽くしてなお余りある量であろう。」

私は、これを読んだとき読み違えたかと思った。もう一度じっくり読んで戦慄《せんりつ》した。昔読んだ本であるから、現在はさらに増えているのではないかと恐れる。なんということを、人間はするのか。

ドイツ国際平和村（二）／ダム建設 ……………………… **五月二六日（土）**

「ドイツ国際平和村の活動（二）」の講座に出た。オーバーハウゼンの市民が、一九六七年七月六日設立し、紛争地域などで医療を受けられない子どもたちの支援を行なっている。その様子を聞き、映像で見る。

・現在、一五〇人から二〇〇人の子どもがいる。

・紛争地域の子どもだから、戦争で大きく負傷した子どもたちである。
・回復の見込みのない子どもは、現地から連れてこない。
・回復の見込みがあると連れてきた治療中の子どもが映像で出てくる。
・片手や片脚がない、片目がつぶれている、脳みそが出ている、内臓が出ている等々。
・これほどの怪我をしているのに、よくぞ生きていられると思うほど酷い。
・治療ができるのかと恐れるほどだ。
・しかしその子たちの表情は暗くなく、時に笑顔や子どもらしいしぐさも見える。
・さぞ辛い治療に耐えていることだろうに、家族とも引き離され同じような困難を抱えている子たちとともに健気に生活している。
・治療を終えた幸運な子たちは故国に帰るが、そこは戦場であり、受け入れる親が現われなかったりする。
・子どもたちに責任はないのに、どこまでも痛み続けさせられるように見える。

「強く生きていって」と、軽々しくは言えない。争いのない平和な世界なら、そこまで苦しまなくてはならない子どもはいないはずだからだ。

子どもたちを支援する医師、看護師さんはもちろん、スタッフの方々には、頭が下がるばかりである。このようなことを、ドイツではなく、オーバーハウゼンという市の市民たちが声を上げているということで、益々胸を打たれる。

私たちはせいぜい、戦闘機で傷つく人が出ないように、戦場をつくらないように、できる限りのことをしていかなくてはならないだろうと思う。

長崎県からの乗客が、「ダムについて」の自主講座を開いた。

「長崎県にダムは必要でないのに、ダムを造ろうとしている。このダムについて、多くの長崎県民は知らない。強い権力を持っている人と、権力を持っていない人がいて、権力を持っていない人は権利が奪われている。沖縄の辺野古には、何が何でも強行に基地を作ろうとしている」

と熱く語り、理解を求めようとしている。アンテナを張っていないと、知らないうちに大切なことが決められていたりして大変なことになる。

言葉の壁　　　　五月二七日（日）

夕食時、隣席にいたがっちりした男性は、左右も前も見ずに、俯《うつむ》いたまま黙々と食べていた。私や他の席の人たちは、たわい無いことをぺちゃくちゃ喋っている。がっちりした男性はどうしたのだろう、気分でも悪いのかしら、と私は気になっていた。黙って食べていたので早く食べ終えた男性は、突然向こう隣の女性と喋り出し、全く寡黙ではない男性に早変わりしていた。中国か台湾の人だった。日本語はできないようだ。だから黙って食べるしかなく、日本語でしゃべっている人たちを見向きもしなかったようだ。日本の人たちは中国語ができず、中国の人は日本語ができないので、せっかくの機会でも交流できない。数時間前の昼食時のことも思い出される。以前二、三度見かけた男性が近くにいた。あまりにも日本人と同じなので意識しないでいたが、突然私の方を向いてやや大きな声ではっきりと「タイワン、タカオ」と言った。私も急いで「ジャパン、サイタマ」と言ったが、相手は「分からない」という身ぶり手ぶりをした後は、もう話が続けられなくなってしまった。言葉が通じないのは大きな壁である。

アジアの　六か国ほどの　人・人
一〇〇〇人余りの客で　ごった返す船内
「おいしいですね」一言発した途端　おかしな空気が漂う
外見は同じなのに意思が通じない　言葉の壁ができている

九〇回クルーズ／ファッションショー……………五月二八日（月）

「九〇回クルーズの人、集まろう」と、アトムさんが呼びかけてくれた。今回のクルーズは九八回だが、前回私も乗船した「南半球巡り地球一周船旅」は九〇回であった。そのとき乗船していた人が何人かいると思っていたが、呼びかけに応じて集まった人が一七人もいた。他に「都合が悪くて出られない」と断っている人もいる。でも、私は知らなくて初めて会ったと思われる人もいる。狭い船上の生活で、顔見知りの人が多いとなにかと心強い。

「ファッションショー」の後半を見た。軽やかな、明るい色の布を体に纏《まと》って、八五歳と言っていた女性のトヨダさんが出てきた。若々しく華やかな衣装を両手でひらひらと泳がせるようにしている。積極的だから若々しいのか、若々しいから積極的なのか、八五歳になってもあのように若々しいのは素晴しいなと改めて思う。

自主講座を開く／ジャングル大帝 ……………… 五月二九日（火）

三度目の乗船になる私は、何か自主講座を開いてみたいと思っていた。同室でやはり三度目のカオルさんは、最初から自主講座の「テニスを楽しもう」を開いている。ラケット等は、持参した物と、ピースボートの物を使っているようだ。私ももしかして自主講座を開くようなら、使うかもしれないと、文庫本の詩集を三冊と一冊分くらいコピーした用紙を持参した。そして思い切って今日の船内新聞に載せてもらった。掲載される日の二、三日前に申し込むことになっている。「洋上で詩を詠《よ》みませんか　カズちゃん」気になることは早く終えてしまいたいからと、朝の九時から九時半までだ。後のことは、集まった人たちで決めれば良いと思っていた。

ところが、指定の場所に来た人は一人、その人も様子を見に来ただけという感じなので「今日はやらないことにしましょう」と、流してしまった。

午後はまた、宇井さんの講座に出て「ジャングル大帝～悪夢編」を楽しんだ。

ドイツ国際平和村（三）／オランダの教育 ……………… **五月三〇日（水）**

「ドイツ国際平和村～戦場で傷ついた子どもたち」の三回目の講座である。

・紛争地域などで医療を受けられない子どもたちの支援をしている。
・現地の医療状況が向上する支援をしている。
・平和への関心を高めるための、平和教育の支援をしている。
・オーバーハウゼン市民が、一九六七年七月六日に設立したＮＧＯである。
・二歳から一一歳の子、二〇〇名以上が常時滞在している。
・現在は、合計八か国の子どもがいる。
・手当てをした後、平和村でリハビリもする。
・パルーシャちゃんとマリアンナちゃんは、治って帰国した後、平和村に顔を見せに来ている。
・脚が無い子。膝から下が無い子。腸が飛び出している子。右から左へ銃弾が貫通したという子。左目がつぶれている子。脚の骨が飛び出している子。のどに銃弾を当てられた子。等が映像で写し出される。

・「だまされないために、学校に行きたい」と、言っている子もいる。

悲惨な映像と話は、毎回違うものになっている。

水先案内人リヒテルズ直子さんは、「多文化社会におけるシチズンシップ教育」という話をした。三〇数年前からオランダに住んでいるが、その前には中南米やアフリカの各地をバックパッカーで旅をしていたそうだ。

・シチズンシップとは、市民性、市民の権利という意味で、ヨーロッパ人が勝ち取ったもの。

・シチズンシップを形成するために、オランダでは小学校八年間に、『基本の基本は人権を守ること』と教える。

・オランダではみんなマイノリティー、その声を出したり聞いたりする。

と、話が続いていく。

洋上大運動会 …………………… 五月三一日（木）

「洋上大運動会」がある。生まれた月で色分けし、私は緑組だ。他には青、黄、赤があり、白は無い。台湾では白が良い色ではな

いと言っていたのが思い出される。若い人が大変熱心なので、私も練習には途中からの競技も含めて三回参加して、本番に臨んだ。

「今日は頑張りましょう。勝ちましょうね」

と若いリーダーの女性に声を掛けると、その美しい女性は、

「今日は大いに楽しみましょう」

と、にこやかに元気いっぱい返してくれた。

「ワッ、できてる若い人！　私は恥ずかしいことを言ってしまった」

本番は、黄、青、赤の順で応援合戦が始まり、初めのチームからとにかく元気いっぱいで、大勢の人が飛んだり跳ねたり大迫力である。音楽までも大音響で、ハイテンションだ。そして私たちの緑、練習したようにやったが、どうかなという感じがする。なぜなら黄や青がやっていたとき、その健気さに私は目を潤ませ胸を詰まらせていたのだから。それに緑以外のチームには若い男性が多く、大きく飛んだり跳ねたり手を振ったりして、若々しい活気に満ちていたのだ。

しかし緑の応援合戦は悪くなく、その後の競技種目でも奮闘したからか、緑組は二位であった。リーダーの若い女性はにこやかに「皆さん、ありがとうございました」と言っていた。とても感じの良い女性だ。

大海に抱かれて　小さく　時に大きく揺れている
そよ風に吹かれ　時に吹き飛ばされそうな強風に立ち向かう
「大丈夫ですか？」「ドアを開けましょうか？」
優しく声を掛けてくれる　若い人

船医さんの話　……………………　**六月一日（金）**

朝食時、船員さんのような服を着た人が、同室のシズコさんの隣に座った。船員さんかと思っていたら船医さんだった。

「高齢の人は『人生最大の失敗談』というのを延々と話していったりするから面白い。寄港地では下船しない。船内の企画にも参加しない。船内を歩いてはいる。ダンスを多くの人がやっている。デッキから、港の様子を眺めたりしている。ずっと時間の得をしている。八か月の契約で乗船している。年に三回だから三周近く乗船することになる。消化器系が専門。最近はガンの治療をしながら乗船している人もたくさんいる。薬は薬庫（室）に一室分持ってきている」

等、時には質問に答える形で、いろいろ興味深いことを話してくれた。

「小船に乗り換えて近くの病院に搬送された人がいて驚いたけれど、病気も良くなって無事に帰国したそうで良かったですね」

と、私は船内で聞いていたことを言った。

「いえ、そういう情報は、まだ得ていないですね」

という答えが返ってきて吃驚《びっくり》だ。医者が送り出した病人の、その後の情報が入っていないということは、そのような事実は無く、まだ現地の病院に入院しているということか。事実と全く違う話が船内を飛び交ったりするのか？　注意しなくてはと思う。

「船にはいろいろな人が乗っているから、面白いですね」

と言うと、船医さんも、

「それですよね。何を見た、どんなお土産を買ったって言っても、結局は人で、……」

と、後の方は省略して言う。自分で考えることも大切だと言っているようだ、と私は思った。この朝は期せずして、別の角度からの船医さんの話が聞けて、新鮮であった。


ヨーロッパの学校／ドイツ国際平和村（四）……………………六月二日（土）

「グローバル時代の教育ビジョン　～ヨーロッパの学校は今」の講座の水先案内人は、リヒテルズ直子さんだ。大変詳しく豊かな内容であるが、最後に話された三点を、私は特に良いことと思った。具体的にどのようにするのかは、自分で学ばなくてはならない。
1、構造化されたディベート

2、組織化されたディスカッション

3、時事についてのディスカッション

「ドイツ国際平和村（四）」は、どうしても聞いておきたい話である。今回は、

・子どもたちの傷が変わった。

・放射線によるがん患者が増えた。

・治療費が高額になった。

・頭蓋骨を失った子がいる。

・足の指を移植して、鼻にした子がいる。

こんなに酷い傷なのに、治るのだ。このような姿で、どうして笑顔でいられるのだろうとは、何度見ても思うことである。私は、映像の中の子どもたちの今後の無事を祈るばかりである。

スエズ運河／音楽朗読劇……………………………………六月三日（日）

朝の四時ごろから、船内放送で「スエズ運河の入口になります」と放送が入った。前方を見て、その後は左舷を見ている。左舷の入口辺りには白いビルが建っていたが、やがて船の近くは砂漠のようになり、奥の方に建物や木々が薄ぼんやり見える。右舷側はずっと砂漠で、はるか向こうに黒い線のように家や木々が見える。五時ごろ、雲

の上に太陽が出てきた。濃い赤で、いつものようにきれいだ。

雲の上からの日の出ではあるが、アフリカ大陸とアラビア半島の間にあるスエズ運河を通りながらの風景であるから、貴重でありがたい感じだ。岸の近くに、アラブの寺院のような建物も見える。砂で切り立った崖のような所も見える。白いビルが建ち並んでいる所もある。デッキに出て見たり、八階のソファーで、右舷や左舷を見たり、七階前方で両側を見たりしている。小ビター湖や大ビター湖を通り、あと一つの湖も通る。「日本・エジプト友好橋（ムバラク平和橋）」の下を通り抜ける。やがて左舷側のすぐ近くには道路があり、車が走っている。スエズ運河を通りすぎるのに一一時間くらいかかったようで、一五時過ぎに地中海に入った。

宇井さんの講座もあと一つあった。「音楽朗読劇　～天使の羽根が降った街」である。四〇人ぐらいの人が手を挙げ、物語を創り、配役等を考えて、練習を重ね、いよいよ発表することになったのだ。私は前の良い席でじっくり見ることにした。二〇人ほどの人が、ステージ上にいる。老若男女が入り混じっている。ステージ脇には楽器の人たちがいる。それぞれの緊張が伝わってくる。フォックスという名の白鳥の物語で、もちろんオリジナルだと思う。映像だけでなく、朗読や楽器の演奏が入るのは初めてである。楽器も変わっているものがある。目の前で全てを見ていくので、観客の私もわくわくして見て聞いている。

最後に全員がステージに上がり、私も大きな拍手を送った。ピアノ、歌、笛、ギター、名前も知らない楽器等も入っていた。何かできるのは素晴らしいことだとまたもや思っていた。宇井さんは私たちを何回も楽しませてくれた。

家へのファクス／海賊 ……………………………… **六月四日（月）**

家で留守を守ってくれている夫に、いつものようにレポート用紙一枚の手紙を書いた。一〇時に開くレセプションにこの手紙を持参してファックスを頼んだ。すると、「ファックスを送れました」という通知が船室の郵便受けに入っていた。さらに夜には、夫からの返信ファックスが入っている。早いのに驚いた。前回はもう少し遅かった。メールも電話もしない私には、ファックスはありがたい通信手段である。

夕食時、「海賊が出ましたね」と言う人がいる。「そう、そう」と、頷いている人もいる。

「窓の外から手を出して、物乞いをするんですよね」

「うん、そう。規模は小さいね」

「船の乗組員が、上から水をかけていましたね」

ということで、映画等で見た海賊とは違うようだ。

マラッカ海峡　インド洋　地中海と
海賊の　出没する地域は広いようだ
船長の指示で　対策や訓練をする
貧しい農漁民が　副業でするようで哀しい

二章

久々のヨーロッパの国々

1 ギリシャ共和国で感じる人間の偉大さ

サントリーニ島／アクロティリ遺跡……………六月五日（火）

ギリシャのサントリーニ島に着岸し、遺跡を見に出かけた。ガイドさんの説明が始まる。

・サントリーニ島は、ギリシャで最も美しい島です。

・一年に二〇センチ以下の雨しか降らなくて、ヨーロッパでは唯一の砂漠です。

バスは、火山の跡地という高地を走る。車窓にはぶどう畑が広がっている。ぶどうの木は小さく、地面を這うように横に伸びている。

一六〇〇年前の〔アクロティリ遺跡〕を訪れる。

・六五〇〇年前に造られて、一六〇〇年前に破壊され、五〇年前に発見されました。

・町は何回も破壊されました。ここは、全体の五パーセントです。

・ここの軽石はスエズ運河に使われました。

・フレスコという壁画は、四〇〇〇年前のもので、当時壁画は一般の家にありました。

・ひっくり返したベッドから、当時の人の身長が低いことが分かります。

・店があり、下水もありました。下水道は海に流れるようにしていたのです。

ガイドさんの詳細な説明を聞き、古代ギリシャの高度な文明を目前にして感嘆する。

［イア］の町に行くとき、ガイドさんが言う。
・イアは最も美しい町です。
・火山でできた島で、ぶどうの木が植えられるようになったとはいえ産物は無く、観光産業だけの貧しい島です。
晴れ渡った町中の表示には「三七℃」とあり、湿度も高く、ぐったりしてくる。犬は寝そべっている。ロバは一〇頭ほど歩いている。道路の下に家があり、また、家の下に家があったりする。二〇〜二五パーセントしか地上に見えないそうだ。

間もなく、目を見張った。写真か絵のように鮮やかで見事としか言いようのない風景が広がっている。イアの町の高台から鳥瞰する紺碧の海と、山のように小高い緑の丘と、晴れ渡り雲一つない青い空、それらを背景にして折り重なるように建っている土産物店の屋根や白い色の壁。これらはどれも明るく、濁りの無いくっきりした色で、全てがこの上なくマッチしていて素晴らしく美しい。教えられた数箇所から見下ろす風景はまさに息を呑む絶景であり、暑さも忘れていた。

ギリシャのアクロティリ遺跡は　一六〇〇年ほど前のもの

肉屋さんがあり　下水道があり　トイレがあった
四隅の柱に　建物を強くする工夫もあった
色を使った壁画もあり　庶民は芸術を愛していた

ギリシャの港ピレウス／デルフィ遺跡……六月六日（水）

早朝明るさが増す中　私たちの船も移動している
白い建物の群　山のように高いビルが視界に入ってくる
ギリシャ　ピレウスの港
ギリシャ本土の地を歩き　空気を吸い　古代の遺跡を見ていく

〔古代ギリシャの世界遺産　デルフィ遺跡〕までは、港からバスで三時間ほどかかる。車窓の所々に風力発電の風車が見える。ピンクの夾竹桃の花があちこちに咲いている。
デルフィ遺跡は、山二つ分ほどもありそうな大きさで、古い遺跡だ。一六〇〇から二〇〇〇メートルほどの山々が遺跡を囲むように連なっている。遺跡の山の階段を上りながら、説明を聞き、広大な遺跡を見上げ、見下ろし、広さと凄さを実感する。気宇壮大な人々を想像したり、往時に想いを馳せたりもする。

・紀元前七世紀ごろ最初の神殿が造られ、今、見ているのは紀元前四世紀ごろ造られた三つ目のものです。

・古代、この地ではアポロンの神託(神のお告げ)が行なわれ、大事を決定していました。

・神に奉げるために造った野外劇場です。五〇〇〇人収容できると言われています。

そんなにも人がいたのだろうかと一瞬思うが、宗教の中心地として栄え、各地からも巡礼者が訪れたのなら、多い数ではないのかもしれない。当時の広大な建造物と共に、歩き回っている人々が彷彿として蘇るようだ。

偉大な文明も滅亡している。新しい文明が生まれるためには必要なことなのだろうか。神様の名前や建築様式の話が度々出てくるので、ギリシャ神話や建築に詳しかったら良かったのかもしれない。午後は隣接する博物館で、全て本物というものを見る。

デルフィ遺跡が　岩山の斜面に広がる
紀元前七世紀ごろ　最初の神殿が造られたという
そんなにも大昔に　人間が造ったもの
偉大な人間　神のような人間　人間は神のお告げで大事を決定していた

古代ローマ文明の講座　……………………　六月七日（木）

水先案内人の吉岡淳さんが乗船し、講座が始まった。初回は「古代ローマ文明」である。
・ヨーロッパ文明の最初は、ギリシャから始まった。
・四大文明にマヤ文明とアンデス文明を加えて、六大文明になる。
・ギリシャは都市国家だが、ローマは古代ローマ帝国である。
・世界人口約四億人のうちの、一億人がローマ帝国の人口だった。
・膨大な軍事費で帝国は滅びるが、帝国が遺跡を残した。

マゼコゼ／ガウディとドメネク／オーシャンユース　……………　六月八日（金）

水先案内人の女性タレントが乗船して、講座を開いた。一回目は、「レッツ　マゼコゼ」だ。ン、どういうこと？　と耳を傾けていると、すぐに分かった。

ダウン症、自閉症、アルコール依存症、引きこもり、ＬＧＢＴと、このような人たちのことかと思っていると、小野洋子、宮本亜門と、二人の名前を出した。私には二人の名前が出た理由ははっきりしないが、いろいろな人たちがまぜこぜになっているのはよく分かる。大写しの映像が出て、ちょっと変わっている人たちが動き回っているからである。四月二日は世界自閉症の日で、ブルーの服を着て、人権を考えるという映像もある。タレントさんは、映像の後で言った。

・全てをウエルカムにする。
・タブー、NGはない。
・気がつけば、どんどん弱音を吐いている状態になっている。
・一三人に一人がLGBTである。
タレントさんはドイツ国際平和村で活躍しているので、さらに詳しい話を聞けるのかと思っていたが、全く違う話であった。タレントさんは幅広い活動をしていて、都知事など、行政も動かしている。しかも、どこまでも弱者の味方である。タレントさんの活動で救われた人は、どれほど多いことだろう。その上タレントさんは美しく、明るく、若々しく、積極的で、行動的で、頼もしい。

「近代建築の共演　～ガウディとドメネク」について吉岡淳さんが話す。
・ドメネクという人は美しさを追及した建築家だが、最後は議員になり独立運動をした。
私にはよく分からない人なので、ガウディの方に興味がある。
・自然を真似て、ほとんど曲線からなるというガウディの建築。
・全体が森をイメージして建てられたサグラダ・ファミリア教会。
見るのが楽しみだ。

「オーシャンユース　紹介イベント」という講座は、ピースボートスタッフが開いている。

・今日は世界海洋の日・地球の七割以上は海・九七パーセントの水は海にある。
・海洋の保護が大切だ。
・ピースボートの船体には一七色のロゴが描いてあるが、一四番目は海の色であり、海の豊かさを守っていこうというものである。
・気候変動を防ぐためには、「ハチドリの伝説」のように、一人一人の行動が問われる。特に気候変動については見過ごせない。私たち一人一人が地球を大切にする行動をすれば、異常気象等の相当部分は防げるのではないだろうか。二〇一五年九月に国連で採択されたという「持続可能な開発目標・ＳＤＧｓ」のロゴマークが、このオーシャンドリームの船体に描かれている。

2 イタリア共和国の島で石の文明に触れる

サルデーニャ島 …………………… 六月九日（土）

サルデーニャ島は、地中海の中ではシチリア島の次に大きい島だ。地中海の真ん中にあり、東西も南北も三〇〇キロメートルあるそうだ。

カリアリの港町をバスの車窓から眺めていると、日本の風景のようにも見える。が、去年は五〇度にもなったそうだ。ミケーラさんという現地ガイドさんは、「チャオ」と明るく挨拶して、訪問地についての説明をし、それをコミュニケーションコーディネーターが日本語にしてくれる。島内には、七〇〇〇もの巨石文明遺跡が点在すると言われているそうだが、その中の「ヌラーゲ」という巨石文明遺跡に行く。

同じような形と大きさの石を大量に集め、人手で扱うには大きすぎる石を積み上げて、ドーム状の部屋を幾つも造り、それを通路で繋いでいる。ドーム状の部屋の上には、明かり取りのような取り外しのできる石があり、部屋の中には井戸があったり、食料貯蔵庫の棚があったり腰を下ろせる場所もあったりする。通路はどこも、頭をぶつけたりしない高さになっていて、人間が行き来するのに不便ではない幅になっている。さすが古代から栄えた場所なのだと思う。

草原の中にある　石の穴倉
蟻の行列のように　手探り足探りで　入っていく
両手で探りながら歩ける幅
真っ直ぐ立って歩ける高さの　曲がりくねった通路がある

通路の先には　ドーム状の部屋がある
井戸があり　かまどがあり　食糧貯蔵庫がある
石の階段には　手でつかまることのできる　石の突起もある
険しい起伏の石畳の上を　初老の夫妻が歩んでいく

人力で積むには十分大きい　石の積み重ね
真上には明かり取りの穴があり　小石を置けば雨をふせげる
中心部に向かって　斜めに石を積んであり　崩れ易そうだ
造るのも　住むのも　命がけと見える

サルデーニャ料理／講座……………………………………六月一〇日（日）

昨夜カリアリ市内のレストランで、サルデーニャ料理を同じテーブルで食べた人の話が心に残っている。関東在住の、まだあまり高齢ではない男性が言った。

「耳の奥がいつもジージーいっていて、これは一生治らないって言われているんですよ。精神までおかしくなってしまって、薬を飲んでいますよ。船では指をドアに挟まれてしまって。爪がはがれたけど、指が切れなかったからまだ良かった。夜は眠れないから、〝浪へい（船内の居酒屋）〟で飲んだり、朝の四時までやっている〝バイーヤ〟で飲んだりしているんです。眠たいのに眠れないのは苦しいですよ。もう七二歳ですからね。若いとき大きなストレスがあったから、それが元だと思っているんですが」

前向きなことを言う人が多いけれど、大勢だからいろいろな人がいるのだろう、と思いながら私は聞いていた。同じテーブルにはもっと高齢の夫妻が座っていたが、その旦那さんが口を開いた。

「わたしは天皇陛下と同じ年齢で、家内は四つ下ですが……」

私は、このご夫妻のことをしっかり覚えている。前日は、私でもやっと上り下りした石の遺跡の中を、目の前のご夫妻は弱音も吐かずに平気な表情で歩いていた。

数日前のギリシャの山全体のデルフィ遺跡巡りのときも、二人とも弱音も吐かずに淡々と山の階段を登っていて感心したものだった。話を聞いていて驚いた。

「わたしは膵臓をやって、膵臓と大腸と小腸を手術で切り取って見せてくれ、山盛りでしたよ。何も自覚症状はなかったけれど。……突然黄疸になって、病院に行って検査したら膵臓がんということで……セイロカで、セカンドオピニオンはツキジで。家内は膝が痛い、腰が痛いって言っていたけれど、あちこち歩いていたら言わなくなって。一病息災というのは、注意するからいいですよ」

と、穏やかな表情でにこにこしながら、大変な病気のことを話していた。乗り越えた過去のこととして、病気を苦にしていない。だから乗り越えられるのだろうかと思いながら私は聞いていた。

女性タレントの講座「私はワタシ」は、「ＬＧＢＴ」の話だ。今、日本には、七・六パーセント、九六一万人のＬＧＢＴの人がいて、一三人に一人だそうだ。この人たちの人権がしっかり守られていないようである。

水先案内人は日本の人が多いけれど、そうでない人もいる。中国人の水先案内人の莫那富《モー・バンフ》さんが、〔漢字や中国の話〕を日本語でしたけれど、内容よりも発音やイントネーション等の言葉に引っかかって、内容に集中できなかった。逆に考えると、日本以外の国の人は、分からない話ばかりされていて気の毒である。

3　スペインで、サグラダ・ファミリアを堪能

バルセロナ観光　……………………　六月一一日（月）

カタルーニャ地方の州都バルセロナに出かける。広い道路で道路脇に見える木々はゆったり枝を伸ばし明るい雰囲気をつくっている。岩の上の道路から俯瞰する町並も同様で、明るくゆったりして見える。

ガウディが造ったサグラダ・ファミリアには期待していたが、期待どおりであった。壮大で目も眩むほど美しい建造物の前で息を詰めて見惚《みと》れた。少し離れた所から眺め、近くから見詰めて、真下から見上げ、入口で壁面を見回し、中に入ったらステンドグラスの一枚一枚をじっくりと見上げた。中に入ってしまうと、ステンドグラス以外にこれといった見るものはなさそうだ。入った所とは別の所に出てみると、すぐ上に簡単な線で聖書に出てくる人物像が描かれていて、それぞれの言葉も書いてある。

サグラダ・ファミリアは完成までに三〇〇年以上かかると言われていたが、ＩＴ駆使で一五〇年短縮して、二〇二六

年の完成予定だとか。気の遠くなるような長期計画の仕事をする人たちがいたのだ。
期待通りのサグラダ・ファミリアを、間近から直接見て大満足である。
ガウディが造ったというグエル公園も、隅から隅までほとんど歩き回った。

スペインの　カタルーニャにいたガウディ
ガウディが造ったサグラダ・ファミリアの　高さ美しさ複雑さ
間近で見る装飾　葉や昆虫や聖書の中の人物の　細やかさ
きらびやかなステンドグラス　計算されたと思われる配置

建築家ガウディが　命を捧げて築いた　建造物
情熱や　体力や　年月等々
捧げたものが大きいほど　後の世に残っていく
建造物に全てを捧げ尽くしたように　晩年は寂しく哀しい

ドイツ国際平和村……六月一二日（火）

「ドイツ国際平和村より～私たちを忘れないで」の五回目の講座で、女性タレントが初め

て担当するものである。といっても、
・一九九九年にテレビで放映した映像で、前後にタレントさんの話が少し入るものだ。
・私〔タレントさん〕は広島生まれなので、平和教育をしっかり受けている。
・私たちは、地球上でたった一人の特別な人間なのだ。
・ドイツの人がなぜ支援しているのかというと『第二次世界大戦の反省があるから』だ。
・ドイツの子は、近い歴史をとても詳しく学んでいる。
・『私の思想、私の意見を伝えないで、あった事実だけを伝える』と歴史の先生が言った。
・ドイツの子は、自分の頭で考える教育を受けている。
・平和村の子は、愛と命を大切にする。
頭蓋骨が無いラヒーマちゃん、両方とも義眼を入れているイザックちゃん、親指を鼻にした子の映像等、何度見ても涙が滲んでくる。

月夜のからくりハウス……………………………………六月一三日（水）

「月夜のからくりハウス」はタレントさんが創った映画の題名である。いろいろな障害のある人たちが次々に登場して、話したり、歌ったり、踊ったりしている。それぞれの人が、輝いている様子を撮影したものだ。この映画を撮影するために、また上映するために莫大な費用がかかったそうだ。

4 ポルトガル共和国で垣間見た、大航海時代の遺産

リスボン観光 …………………………… 六月一四日（木）

・スペインとポルトガルがあるイベリア半島に、先史時代という時代はなかったのではないかという説もある。

・ムーア人は、七一一年に来て五〇〇年間いたが一一四七年にはほとんど北へ行ってしまい、カトリックの勢力がリスボンまで南下してきた。

少し前に水先案内人の吉岡さんの講座「スペイン・ポルトガル」で聞いている。

大航海時代に名を馳せていたポルトガルの現代に目を向けると、国土は日本の約四分の一で人口は約十分の一と、こぢんまりした国のようだ。

リスボンの　港の前は明るい
オレンジの屋根に　白い壁の家々が　朝日に輝き
斜面の上には　ドーム形の教会が　堂々と聳えている
ポルトガル　この国も教会を中心に動いているようだ

ガイドさんとともに、建物の間の狭い道や車道を散策していく。世界遺産のジェロニモス修道院の前に立つと、その大きさに思わず感嘆の声を上げていた。奥行きはなさそうだが横に長く、一〇〇メートルくらいはありそうだ。修道院の外にも入口にも、サグラダ・ファミリアと同じくらいの人がいて、ごった返している。大航海時代は、大きな冒険をしていたから精神的な支えが必要で、そのために教会ができたのだそうだ。「壁は大航海時代に因んだデコレーションになっている」と、説明がある。教会内はお墓で、死体を埋葬しているという説明もある。ポルトガルの英雄と言われたマヌエル王と王妃、マヌエル王の息子と息子妃の柩も近くにあり、ちょっと不気味だ。ヴァスコ・ダ・ガマの柩というのもある。マヌエル一世が一五〇二年に着工し、海外からもたらされた富を使って、約一世紀かけて完成したそうだ。サグラダ・ファミリアより短いとはいえ、長い年月がかかっている。

横に一〇〇メートルはありそうな　ジェロニモス修道院
大航海時代の　航海士たちの　精神的支えになったそうだ
ブラジルをも植民地にしたころが　最盛期と見える
第二次世界大戦中　中立だったことは　誇りのようだ

水先案内人の吉岡さんは「スペイン・ポルトガル」の講座で言っていた。
・ポルトガルやスペインは長くイスラム勢力の支配下にあり、自分たちの国を取り戻すために、たくさんのお金を使った。
・だから、イスラム勢力を押しのけた後、どうしても金が必要であった。
・そこにコロンブスが黄金の国ジパングに行けば金がたくさん手に入ると持ちかけた。
・当時のイザベルスペイン女王が乗って、イタリア人コロンブスの航海を援助した。
・実際に辿り着いたのは今のカリブ諸島で、砂糖やタバコで莫大な利益を得た。
・ポルトガルやスペインはそこを拠点に、さらに中南米を制圧した。
・先住民の人々を金山や銀山で働かせ、採れた金銀を本国に持ち帰った。
・しかし、強制労働やヨーロッパから持ちこまれた病気で、先住民が死んでしまう。
・その結果、アフリカから二〇〇〇万人近くもの奴隷を連れてくることになる。
そこだけ見ると途轍もなく悪いことのようでも、その前の出来事や時代を見れば、やむを得ない部分もあるのかと思うのは、やはり正しくない見方だろう。

ヴァスコ・ダ・ガマの世界一周を記念して造られたという「ベレンの搭」は、車窓で見ていく。「発見のモニュメント」は、エンリケ航海王子の五〇〇回忌を記念して一九六〇年に造られたそうだ。前の広場で説明を聞きながら見上げる。足元には、大理石のモザイクで世界地図と各国の発見年号が記されていて、日本が発見されたのは一五四一年となっている。神代の時代からあった日本も、ポルトガルから見ると「発見された」となるのだ。

「リスボン出港を祝って」の大音響の音楽を聞きながら、私は九階デッキの手すりにもたれていた。「やがて地球の裏側まで繋がるだろうな……」という歌が聞こえてきて、私は感傷的になっている。右岸では日中見てきた塔や教会が、次々後ろに流れていく。後ろにある赤い橋は、どんどん遠ざかる。橋の上段には車が、下段には電車が走っている。午後六時半でも、陽はまだ高い。

右岸には白い建物の町並みが続き、終わりそうもない。左岸には家並みがあるが、かなり少なく、やがて大海になっている。右岸の家もやがてなくなる。

目にも耳にも感動的だ。

5　フランス共和国で、海岸の町を歩く

残念な「モン・サン=ミシェル」……六月一五日（金）

ノルマンディ地方の、寄港した港町ル・アーブルの中心地は世界遺産になっている。

世界遺産のモン・サン＝ミシェルは元々は陸続きであったが、津波で島になったとか。モ

ン・サン＝ミシェルは修道院であったが、その後牢獄として使われ、一万四〇〇〇人もの受刑者が入ったことがあるそうだ。

フランスではモン・サン＝ミシェルを是非見たいと思っていたので、私は申し込んだ。でも数日遅かったようで満席、キャンセルも出なくて行くことは叶わない。

中国語での講座 …………………… 六月一六日（土）

着岸する前の日、水先案内人の莫邦富さんが「日中関係の変化」の話をした。でも今回は全部中国語で話し、字幕も無いし、同時通訳のイヤホンも無いので、仕方なく会場を後にした。知日派ジャーナリストとして幅広く活躍されている莫邦富さん。日中関係の変化についての話を聞けなくて残念だ。

日本以外の国の人は、このような気持ちに度々なっているのだろうと思うと、申し訳ない。

海岸の町、エトルタとフェカン ………… 六月一七日（日）

モン・サン＝ミシェルに行けないのならあまり期待できない、という気持ちに私はなっていた。

しかしエトルタでは、町中の建物に特徴があって興味深く、私はキョロキョロ見回していた。そこに行くまでの道々でも木々が

多く葉も茂り、広々した草原にも青々とした草が多いと見回していると、「小麦です」と、ガイドさんの説明があった。雑草が生い茂っているのではなく、日本のように丁寧にきれいに手入れされているというのでもなく、青々と豊かに生い茂っている。

エトルタの町に着くと、木で建てた同じ雰囲気の家々がある。市庁舎も、普通の家と同じ造りになっている。土産物店がズラッと並び、その向こうは海である。左右にアウァルの断崖というのがあり、これが変わっていて見所のようだ。断崖の上は丘になっていて登ることができ、人の列が蟻のように見える。でも登るにはちょっと遠過ぎ、高過ぎ、時間もない。私はバスの隣席の人と、あと一人の三人で、土産物店や、海辺を移動することにした。複数で動くのが良いと言われている。

こんなとき、太極拳のリーダーがいて声を掛けてきたり、八五歳の母と娘さんとも声を掛け合ったり、卓球の女性とも声を掛け合ったりして、心がちょっと触れ合うのは楽しい。人には親切にして、自分自身は明るく上機嫌でいれば良い関係が広がっていくようだとは、以前から感じている。

昼食後はフェカンに行った。エトルタもフェカンも、町には色鮮やかな様々な花が咲いている。赤いバラがやや多いが、そのほかの花も数種類咲いていて、目を奪われる。

突然ベネディクティン宮殿が現われ、目を見張った。大きく高く聳え、複雑な造りの外観がハッとするほどきれいだ。門も囲いもない。宮殿とあるが教会か？　と思う。今は博物館になっていて、一九世紀に改修したものだ、との説明がある。

一日の停泊では　モン・サン＝ミシェルに行けない
代わりに　海岸の町に行く
一九世紀に建て替えられた　宮殿もある
道々　バスの車窓は　緑が多い

青々とした麦畑が続く　いちご畑もある
広々とした大地に　バイキング（海賊）がやってきた
彼らは働き者であった
一〇〇年後　カトリックに改宗して　定住できた（そうだ）

日本の地震／私の誕生パーティー……………………六月一八日（月）

お昼にレストランで聞き、その後掲示板で、大阪を中心に地震があったことを知った。大阪で震度六弱、広い地域で四や三の震度。一八日朝のことである。同室のチヨコさんは大阪在住なので、ファックスで自宅と連絡を取り合っている。

「誰にもけがはなかったけれど、戸棚の中の物などは飛び出して、家の中はぐちゃぐちゃになっているみたい。片付けが大変でしょう」

とチヨコさんは言った。チヨコさんはともかく、日本から遠く離れた船上にいる私たち三人には何もできないだけでなく、実感としてピンと胸に響かないところもあって申し訳ない。

夕方、部屋の三人は民族衣装っぽいドレスを着て、私は持参した普通のドレスを着て準備をした。チヨコさんが部屋のみんなに上げようと思って持参したというドレスだった。チヨコさんは和服を着るつもりで持ってきていたが、私が自分のドレスを着たので、私用にとしていたドレスをチヨコさんが着たのだ。それぞれスカーフやベルトやアクセサリーで工夫すると、豪華なドレスになっている。その姿で七階の船室を出ると、八階の公共広場を用も無いのに歩き回り、それから階段を使って四階のレストランまで下りていった。私の誕生パーティーである。乗船後間もなく、同室の三人には、私の誕生パーティーに出てくれるように頼んでおいたのだ。三人とも楽しみに待っていてくれたようだ。

案内された四人のテーブルは、テーブルクロスの色が違い、ワイングラスが置いてあり、誕生カードもある。ハッピーバースデーの曲が大音響で流れ、同じテーブルの人はもちろん、近くのテーブルの人たちも手拍子を取りながら歌ってくれる。高揚した気分でワインを口にし、食事をして、ローソクが一本立って出てきたケーキを食べた。私以外の三人はアルコールが嫌いではないようで、ワインが美味しいと言い、心地良くなっているようである。誕生日らしい雰囲気の中で、いつもより時間をかけた食事とおしゃべりをした。写真もたくさん撮ってもらい、満足感いっぱいのうちに終わりになった。

船室に戻り、いつもどおりの生活に戻る。一歳、年を取った。あっという間に一年経ったと思うことがあっても、一年はやはり長い。いろいろなことができる。今回の船旅中の三か月も、一日一日はすぐに過ぎてしまうように思うことがあっても、三か月は三か月なりに、一日は一日なりに長くもある。その気でいれば、一日でもいろいろなことができるし、三か月ともなると、まとまったことができる。七一歳の一日目が始まった今日から、七一歳の間にやろうと決めたことはしっかりやっていきたいというのが、私の誕生日の決意かな……。

レストランで／パーティー&ディナーの日……六月一九日（火）

朝食時数人で雑談をしていると、その中の一人が言った。

「女房がスタッフから聞いたところによると、四階のレストランは四五〇席あるそうですよ。テーブルは幾つあるか分からないけれど、椅子は四五〇あるそうです。柩も積み込んであって、もう三つ使ったそうですよ。毎回使うんですってね。長い旅ですからね。わたしの船室は五階ですけど、五階には入院室があって、インフルエンザに罹った人などは完全隔離で、入院させられるんですね。食事は運んでいましたよ」

大勢の人がいて、それぞれいろいろなことを知っているので面白い。

「本日はパーティー&ディナーです。思い思いのおしゃれをしてお楽しみ下さい」と、船内新聞に記載されていた。前日は私の誕生パーティーであったから、今日はいつもどおりの夕食のつもりでいた。私は、腕時計のバンドが壊れそうだったので船室に戻った。カオルさんがいて、パーティー&ディナーの話をしている。そこにチヨコさんが戻ってきて、「今日もまたおしゃれして、四人揃ってレストランに行きましょう」と言った。私も流れの中で「行きましょうか」と言っていた。カオルさんは「では、シズコさんを呼んできましょう」と言って、船室を出ていった。シズコさんはいつも熱心に絵を描いているので、居場所は大体分かるのだ。戻ったカオルさんと私は、文楽を少し見てから着替えることにして、出かけた。

前日とは違う普段着に近いドレス姿で、揃ってレストランに入った。メニューと白ワインが付き、全体が華やいだ雰囲気である。レストランにいる時間はいつもより長くなり、同じテーブルの人たちと交わす会話も少し長く弾んでいる。

食後は、八階で行なわれている仮装パーティーを見にいった。こちらは仮装だから、刺激的で若々しく華やかである。

日本一周自転車放浪記／ジャパンハート　……………………六月二〇日（水）

「日本一周自転車放浪記　前編」の話を、ピースボートスタッフがした。三〇〇日間かかり、九四〇〇キロメートル走ったそうだ。自分で決めたというルールもあった。

1　全都道府県の庁舎と駅に行く。
2　全世界遺産と突端地に行く。
3　右回りで行く。（景色が良い・安全・反対だと孤独）

ということで、前編は東京から沖縄までの映像を見せながら、聞き手になっている別のスタッフと、漫才の掛け合いのように面白おかしく話を進めていく。本州は最南端の「潮岬」だけであるが、四国は最北端、最東端、最南端、最西端と四箇所ある。九州も同じだ。それぞれの映像が全てあり、本人も入っている。「七割が山だから、自転車ではきつい山道ばかり」だとか、「九州最北端の太刀浦埠頭は日本で唯一の私有地」だとか、興味深い話が多い。「軍資金は一〇万円だったが四国で七万円盗難に遭い、その後はスーパーで安売りの食パンを買って食べていた」とか、「石垣島では自転車の盗難に遭い、バイトをして買った」とも言う。

面白く、前向きの良い話で、感動的である。映像がたくさんあるので、分かり易く身に迫ってくる。「辛い、苦しい、嫌だ、孤独だ」という言葉を何回も使っているのに、聞いている方には明るく楽しい話になっている。これほどのことをやり遂げる人なら、他のどのようなことでもやり遂げるに違いないと思われてくる。性格というか人柄の良さが溢れている。周りの人を、明るく前向きな気持ちにしてくれる。後編が楽しみだ。

「情熱大国　ジャパンハート」という自主講座を、元看護師の女性が開いた。自主講座は乗客が、会場確保と新聞掲載の手続きをすれば自由に開けるものである。

ミャンマーとカンボジアで、大変な重傷を負っている子どもたちの映像が出る。こんなにも酷い傷を負っている子どもたちがいたのか？　ドイツの国際平和村にいた子たちも酷かったけれど、アジアの子たちはさらに酷いと見える。その子たちを、一人の日本人医師と数人の日本人看護師さんたちが救っている。映像だけでも、神様のように見える人たちだ。どれほどの数の子どもたちが、苦しく、痛く、辛く、悲しい状態から救い出されたことか。救おうとしている専門家がいることは、天の恵みのようにも見える。

日本一周自転車放浪記／テーブルでの話……………六月二一日（木）

「日本一周自転車放浪記　後編」を楽しみにしていて、会場に行った。自転車にはイマジン号という名前を付けたそうである。

本州最西端、世界遺産なども訪れ、本州最北端。その後は北海道最南端、北海道最西端、日本最北端、日本（北海道）最東端、本州最東端と走り、関東に来ても、水戸、前橋、世界遺産の日光、さいたまと走り、東京都庁に帰り着いた。都庁前では本人の喜びの映像を見ながら、会場の聴衆からも大拍手である。結局、二年三か月かけて一周したということだった。凄いことを考え、考えたことをやり切った。凄い人が目の前にいる。話を聞いただけなのに、自分も何かやり遂げたような満足感の中にいる。

以前の台湾一周の話にも感動したけれど、全くの単独行動での日本一周、その苦しみの多さ、それにも関わらず前向きな明るさにはただただ感動した。

まだ話したことのない乗客と、言葉を交わしたり話を聞いたりするのは食事時が多く、これが興味深く面白い。

「台湾の人の乗船は一一〇人で、中国の人の乗船は三〇人くらいらしいですよ。旅行期間が長いから、中国で許可を取るのが難しいようですね」

「わたしは初めての人と二人部屋ですが、相手の人は出港直後から船酔いや喘息で大変そうでしたよ。私も耳栓をしたりして、気にならないようにしていましたね」

その後の話の中に「ドイツが……、ドイツが……」と出てきて、身の上話のようなことを話した女性もいた。

「わたしはドイツに留学して、フランス人の夫と知り合いできちゃった婚をして、……あの時代は大変なことでしたよ。リズム体操やダンスの勉強をしたんですよ」

七〇代後半と思われる女性が、若いときそんなにも行動的だったのだと、私は改めて女性の風貌を見直していた。

「この船に乗っている女性は、皆さん飛んでいますね。特に女性は、ちょっと話をすると面白い人がいっぱいいますね。この後、人と約束していますので……」

と言って席を立った。私は数時間前に久しぶりに行ったアフタヌーンティーでの、高齢女性との会話を思い出していた。

「娘と孫と三人で乗船したんですよ。娘の夫はアフガニスタンに、仕事で行っているので。下船後は娘たちもアフガニスタンに住むんです。ちょっと危ない国だから、勝手に旅行できないけれど」

と言っていた。世界の国々は関わり合っていて、世界はそれほど広くないと感じたひと時である。

6 ロシア連邦で華麗さに浸る

サンクトペテルブルグのエカテリーナ宮殿 ……………… 六月二二日（金）

早朝六時にサンクトペテルブルグに着岸した。一〇階デッキから見回すと、左舷側にはずらりと並んだ白いビル群がある。船の後方に行くと、大きな船が三隻ほど停泊している。あまりにも巨大な船なので、カメラに収めてから、ゆっくり眺め回した。

ロシアでは入国時の対面審査があるが、中国の人への対面審査は無いようであり、国と国との関係が、旅行者にはこのような形で現れるのだと思う。

下船後、ピースボートも大きいと思って見上げるが、隣にはさらに高く大きいフランスの船が停泊している。バスに乗って移動すると、黒川紀章さんの設計というサッカー場が見える。

・美化のために高層ビルを建ててはいけないことになっている地域に、四〇三メートルの高層ビルを建てているので住民は怒っています。
・サンクトペテルブルグは、モスクワの次に大きい都市です。
・ロシアには全部で二九の世界遺産があります。

・雨の多い町で『雨の都』とも言います。

と、ガイドさんが説明する。

公園の中は緑が多く花も所々に咲き、どこもよく手入れされている。プーシキンの像があり、少し離れた所にはプーシキンの別荘という建物も見える。

「五隻の船が入っているので、他の船のお客さんが多いですね」

ロシア人のガイドさんは、全て日本語で案内してくれる。

「エカテリーナ宮殿」の前では音楽の演奏をしている。並んで待つ間、最前列の人たちの国の曲の演奏をしているようだ。私たち日本人が最前列になると、「荒城の月」の演奏が始まり、数人が、前に置いてあった箱にお金を入れた。「カチューシャ」や「サクラサクラ」も演奏された。

宮殿内は、豪奢な部屋が続いている。大広間は金ぴかで、ガラスも多用され、天井画も美しく、特別豪華なようだ。金箔が貼られ、明かりが灯り、それらが反射し合って、目に眩しい。

・三〇〇年前は、こんなに大きくはありませんでした。

・女帝エリザベータが派手好きで、大きくしていったのです。

・フランスのベルサイユ宮殿をモデルにしたんです。

・エカテリーナ二世とアレキサンドラ二世は、農奴を解放しました。
・三世の奥さんはデンマーク人だけれど、他の人はみなドイツ女性でした。
・『琥珀の間』も三〇〇年前に歴史が始まります。七〇〇〇万ドルをロシアが出し、三〇〇万ドルをドイツが出しました。
理由は分からない。
・『絵画の間』には、買い占めた一三二枚の絵を隙間なく壁に貼り付けました。

数多の豆電球が灯り　金箔が光り　照らし合う中
浮き彫りの人や動植物が揺れ動く　宮殿の中
次々と続く　絵や彫像や陶器　大きなシャンデリア
床のモザイクも生きて見える　ホールのような部屋・部屋

一階は観光客の集合場所と土産物店だけで展示はなく、三階は屋根裏なので、見学場所は二階だけだそうだ。

菩提樹の並木道、メイプルの木がたくさん植えてある青々広々した公園を通って、バス停に向かう。

・フランスの文化がいろいろ入りました。決闘という悪いものも入って、そのためにプーシキンは三七歳で死んでしまいました。
・消費税は一三パーセントです。
・北のベニスとも言われています。
・紀元前のエジプトの、本物のスフィンクスが一対、道路脇にあります。遠くに、あまり大きくないスフィンクスが見える。

エルミタージュ美術館 ……………………………… 六月二三日（土）

サンクトペテルブルグのエルミタージュ美術館に行く。バスの中では、前日とは違うやや高齢のガイドさんの話を聞いていく。やはりロシア人の女性で、流暢な日本語で案内してくれる。

・ピョートル大帝は、オランダが好きでした。アムステルダムが好きだったようです。
・サンクトペテルブルグは、三三の島の上にあります。
・ソビエトは教会に反対して、あちらに見える教会をジャガイモの倉庫にしました。
・第二次世界大戦時は、死体安置所になっていました。
・一九二七年に歴史博物館になりました。
・一九世紀に、大部分の建物ができました。

ガイドさんは、町の様子を見ながら次々に説明して。合間に自己紹介もする。
・わたしの名前は、折り紙のオリガです。プーチンさんと、メドベージェフさんと同じサンクトペテルブルグ大学を出ました。東洋学部東洋学科、日本語学科を卒業しました。
左前方に見える大学です。
・王宮（二三・五メートル）より高いビルを建てることは禁止されました。
・ビルは天然ガスのセントラルヒーティングになっています。壁の厚さは七五センチメートル、窓は二五センチメートルあって、防寒をしています。
ガイドさんの熱の入った説明を、私も聞き逃さないように聞いている。四階には印象派の絵が展示されている。モネ、マネ、ドガ、セザンヌ、ルノワール、ゴーギャン、ゴッホ、ロダン、ピカソ、マチス等、私が知っている画家や知らない画家の絵がどっさりある。あまりにも盛り沢山の秘宝と思われる絵画類をじっくり見てはいられない。
・この美術館を全部しっかり見るには、二年から三年かかります。展示物は、全部で三〇〇万点あります。
さらにガイドさんは言う、
・今は五〇匹くらいの猫がいます。ねずみが増えると困るからですが、最近は猫がサッカーの勝敗の予言者になっていて、全部当たっています。

美術館で猫を飼っていることも、初めて知った。ガイドさんだから、悪い（事実と違う）冗談は言わないだろう。遊び心も少しは入っているのだろうか。

道路は広く、信号は守られている。街路樹は多く、大きい木だ。道路脇にきちんと並んでいる車は多いが、歩道も広くゆったりとして落ち着いている。良い街だと思う。観光客相手の路上の店も少ない。土産物店の店員も親切だ。ガイドさんは前日も今日も、はっきりした分かり易い日本語で、丁寧なガイドをしてくれた。私は、サンクトペテルブルグという街を、ひいてはロシアという国を好きになっていた。

日本の四五倍もの国土に　日本人より少し多いだけの人が住む
今は第二の都市という　サンクトペテルブルグ
エルミタージュ美術館の見応えのあること
道路も　人も　車も　大きく見える

・中国の人はマナーを守らない。急にお金持ちになって……。黄金の間の孔雀の前で用便をしたんですよ。生理現象だから仕方ないって言って、公衆の面前で。

同じことを、ガイドさんは少し間を置いてもう一度言っていた。中国の人がいたら気の毒、と一瞬思ったけれど、私たちのバス、即ちこのガイドさんの中には日本の人しかいなかったと思い出した。一個人でも、国の代表になっているから、気をつけなくてはいけないようだ。

また、

・日本に行き、埼玉での国際交流の会に出て、浦和の人の家へ、お茶に呼ばれて行ったんです。そしたら寒くて寒くて、手袋をしてお茶を飲みましたよ。

と、歯に衣着せずに言う。ロシアの家や建物の壁が厚いと言った後だった。

ソ連時代についても、

・建物を壊して……。

というように、良いことは言わなかった。

・明日はヘルシンキに行くんですか。あそこはあまり見どころはないね。

と嫌味っぽくなく言い、奥床しい私たち日本人は苦笑していた。

前日のガイドさんは五〇歳代くらいだったかもしれないが、この日のガイドさんは、七〇代後半から八〇歳近い人と見えた。けれどずっと歩いて立ちっぱなしで、幅広く深く掘り下げて分かり易い案内をしてくれた。

三章

一度は訪れたいと思っていた北ヨーロッパの国々

1 フィンランド共和国で、静けさに浸る

ヘルシンキ観光……………………六月二四日（日）

昨夜は二二時二五分に日の入りと船内新聞に記されていた。私は映画の帰りの二二時一五分ごろ見ただけだが、水平線少し上に日はまだ明るく輝いていて、白夜を実感した。

今朝はまた、昨日より寒くなっているが、朝食後八階のソファーに座って海を眺めていると、緯度の割には寒く感じない。でも、海も空も灰黒色でいかにも寒々しい。船内放送で、「中国、台湾、マニラの方は、入国時の対面審査があります……」と言っている。

ヘルシンキ観光では、中心地、元老院広場、大聖堂、オリンピックスタジアムを車窓から眺め、シベリウス公園、テンペリアウキオ教会、石畳の車道や歩道等を見たり歩いたりする。教会ではあちこち行き来する中で、太極拳をしている台湾のご夫妻に度々会い、表情や身振り手振りで話をして、言葉が通じない無念さを感じながらも気持ちが通い合い和んでいた。写真もお互いに撮り合った。

首都ヘルシンキだからか、森も湖もあまり目に入らない。ムーミンやサンタクロースがいそうな所もはっきりしないが、その気になって見ると、また違うのだろうか。だが私は、世

界一幸福な国の、幸福の部分を見落としてしまったようだ。

ヘルシンキの早朝散歩／乗客との食事やおしゃべり　……………………六月二五日（月）

ヘルシンキの出港は一一時過ぎなので、朝食後気ままに散歩に出かけた。朝の清々しい空気の中を歩くのは、やはり気持ちが良い。

早朝の海辺の風景を眺め、カモメの鳴き声を聞き、ヘルシンキの空気を吸う。現地の人が犬の散歩をしている様子を見ると、懐かしいようなほっとした気持ちになる。歩道と、自転車道と、車道がある。歩道と自転車道の両側には、背丈より少し高めの木が、三から四メートルほどの間隔で植えてある。手入れの行き届いた芝のような草地が広がり、シロツメクサの花が咲いている。右手側には穏やかな海がずっと広がっている。歩き易いし、目に楽しいし、出てきて良かったという満足感に私は浸っている。

この静けさこそが、世界一幸福な国の根本にあるのかもしれないと思う。

ヘルシンキの早朝　港付近を散歩する
広々した道路に　車は一台も通らない
背丈より高い並木の間の自転車道にも　自転車の影はない
子犬と女性以外　動くのはカモメばかり

強い香りが心地良い紅いバラが咲き、サルビアのような花もダリアのような花も咲いている。どれも色が濃くて、きれいだ。車が一台ようやく通った。道路脇の歩道を歩いていると、車道を横切った黄色い自転車の人が足をついて、私の名前を呼んだようだった。私は歩みを止めて、ヘルメットを被った自転車上の人をじっと見た。自転車で海外のあちこちを乗り回っている人は、船室が隣だった。

「あらーっ、お隣さんじゃないですか。地元の人かと思いましたよ。自転車はどこで借りたんですか? あ、借りたんじゃなくて持ってきたんですか。凄いですね」

と言うと、お隣さんは指を口に当てて「シーッ」というようにした。大っぴらに持ち込めないのかもしれない。

「ああそうですか。じゃあ良いサイクリングにして下さい」

そう言うと、先に足を進めた。

帰船リミットには十分の余裕を持って帰る。帰船リミットというより、手洗いが見つからない心配があって、二時間ほどで船に戻った。

船の外では、ビルの窓を拭くようなスタイルでペンキを塗っている。ピースボート関係の人は、いつも働いている。

「九階の昼食は、パノラマがタイ料理のトムヤムクン、リドが茄子とトマトのパスタだから行きましょうよ」

と、同室のシズコさんに誘われて行った。美味しかったけれど、両方ではやはり食べ過ぎてしまう。

パノラマの下のデッキからは出港を祝う音楽が聞こえてくるので、覗いてみた。テンポの速い音楽に合わせて、一〇人余りの若者が踊っている。若くない人は、その脇や上のデッキに立って眺めている。

カクちゃんという青年が、ここでもまた格好良く踊っている。この青年は二〇歳くらいだけれど、似顔絵、卓球、歌、ギター、ダンス、司会、看板作り、雑誌作り等々、いろいろなことをとても上手くやり、目立っている乗客である。そのように得意なことが多いと、船内生活も一段と楽しく充実していることだろう。スタッフも軽やかに踊っている。若者だけかと見ていると、左側では年配の女性も二、三人が、ゆったりしたテンポで踊り出した。

その上の張り出したデッキにはたくさんのカモメが、あちらに飛びこちらに飛びながら船に近寄り、張り出したデッキの上では、多くの人がシャッターチャンスを狙っている。パンくずでもあげたのかもしれない。左舷に見えていた小さなひょうたんのような島も、みるみる後ろに移動していたが、いつの間にか見えなくなっている。

フィンランドは、ヨーロッパで最初に女性に参政権が与えられた国ということで、現在も

「男女平等ランキング」は高い。でもフィンランドには、核廃棄物を埋める所が一箇所あり、それは一〇万年保管するのだと新聞で読んだことがあり、気の遠くなる思いがしていた。海を眺めていると、良いことや良くないことが頭を過ぎる。

再び水平線ばかりの海上にいる。出港時は曇り空であったが、雲は水平線の上だけになり、青い空が広がっている。青い空の下を白いカモメが悠々と飛び交い、長閑で平和そのものの光景である。近くに若い男女が来て座り、スマホを見ていたので、ツーショットの写真を撮ってあげた。音楽は少し前に終わり、風が冷たくなってきたので、中に入ることにした。

明日使うことになるパスポートを受け取った後、八階のソファーで寛ぐことにした。隣席に座った男性に挨拶したことから、ほとんど男性の話を聞くことになった。台湾のツアーから一緒だった人で、顔だけはよく知っている。

「五〇年間社長業をしていた。息子が後を継がないので、今はしていない。山の会三つの代表をしていて、日本の一〇〇名山には登った。女性の方が多く、六割いる。代表だから下見を入れて二回ずつ登るので、二〇〇回行ったことになる。他に外国の山のあちこちに登った。(山の名前を本人はすらすら話したけれど、山に詳しくない私の頭の中を素通りしていた)荷物はみんなサポーターが持ってくれるけど、体だけは自分で登らなくてはいけない。名刺に写っている建物は、山の資料が入っていたり、会議をしたり、展覧会をしたりしている」

と言う。カトウさんは山以外にもあちこちに旅行していて、それぞれの地に詳しい。話をもっと聞きたかったけれど、お手洗いの時間になってしまったので、席を立つことにした。

カトウさんは、

「わたしはこう見えても本を読むのが好きで、船上で買った一〇冊目の本を今読んでいるんですよ」と言って、持っていた本を上に掲げた。

2 スウェーデン王国で、ノーベル賞や自由な女性を考える

ストックホルム観光／急患／ネパールの講座／・カトウさん …………… 六月二六日（火）

ストックホルムに朝の七時ごろに着岸予定だったが、時差で時計を一時間戻さなかったので、私は早く起きてしまった。四時少し過ぎに一〇階に上がると、日はすでに出ていた。日の出は三時三二分と船内新聞に書いてある。前夜の日の入りは二二時四九分で、映画が終わった夜でも夕日を見ながら船室に戻っていた。

外の風景を見ると、鬱蒼とした森の小高い丘が広がり、所々に白い壁の二階建ての家が見える。屋根はほとんどが黒だ。手前の海は凪いでいる。小さな森の島が続く中を、船は延々と進んでいく。

「オハヨウゴザイマス」

太極拳を教える立場でやっている中国の女性が、笑顔を向けて声を掛けながら通っていく。

私も、

「おはようございます。ニイハオ」

と返した。私は初めての太極拳に何回か行っていたので顔なじみになっていた。

再び船から眺めると、やはり森が多い。船の近くまで迫っている森をよく見ると、岩も見える。

両岸にある　大小の島々の間を縫うように　船は進む
おとぎ話にでも出てきそうな　木々の茂る小島
昔は　バイキングと呼ばれた人々が　戦い働き
やがてノーベルという人が出て　全世界に知れ渡った

スウェーデン、ノルウェー、デンマークから、ヨーロッパ各地を席巻し、さらにアイスランドとグリーンランドを経由して、カナダへ渡ったというバイキング。八世紀から一一世紀の三〇〇年の間、世界を襲ったということだ。土地、奴隷、金、銀を求めたので、海賊のイメージが強いが、勤勉な商人、耕作者、狩猟者で、文化の創造や継承者としての評価も高いのだそうだ。

ダイナマイトを発明したアルフレッド・ノーベルさんの遺言によって、一九〇一年から始まったノーベル賞。それまで誰も考えたことのなかった方法で、世界の平和や発展、人々の幸せに寄与し続けている。素晴しい人を生み出した国だと思う。

バスでストックホルム観光に出かけると、大きな岩盤が、見えていた感じよりも多くあるようだ。私たちは先ず、大きな岩盤の上にある道路脇の展望台から街を俯瞰し写真を撮る。一八世紀の木造の建物が見られるところもある。スウェーデンで三番目に大きいというメーラレンという湖が見える。

女性の現地ガイドさんの説明が続く。

・五月には、二八度とか二九度とかの、気温の高い日がありました。
・夏の間は自転車通勤をしましょう、と言われます。
・スウェーデンは、固い岩ばかりの地質です。
・九〇パーセントが、集合住宅です。
・市内の土地は自治体のもので、個人のものではありません。

西の橋を使って、別の島に入ると、橋の下にもう一つ島があった。

次は市庁舎である。市庁舎といっても幾つもの行事をこなすイベント会場になっている。ノーベル賞の授与式が行なわれ、他にいろいろ行なわれているとの説明がある。サンクトペテルブルグと比較すると、地味な感じがする。

・市庁舎は一九二三（大正一二）年に完成しました。
・イタリアルネッサンスの建築です。
・レンガがたくさん使われました。外側には一〇〇〇万個使われました。
・鉄筋ではありません。
・一七世紀のフランスの織物の部屋だけは、フラッシュ禁止です。
・王家のシンボルの三つの王冠があります。
・黄金の間には一八〇〇万個のモザイクを使っています。

説明を聞きながら見ていく。テレビで見たことがあるノーベル賞授与式が行なわれるホールでは、高い天井や壁を見回す。

街中には、「ルーン文字」というバイキングの人たちの書いた字が刻まれている石があった。

昼食はミートボールとマッシュポテトがメインで、あとは野菜サラダとパンである。コーヒーとデザートのチョコレートはセルフサービスだ。レストラン内も、レストランを出た前の広い歩道や高い街路樹も、ゆったりとして落ち着いた感じがする。木漏れ日を浴びながら、「だから女性や子どもにも優しいのだろうか」などと考える。国民は高い生活水準と高度に発達した社会福祉を享受しているという。スウェーデンだけでなく、北欧諸国の共通点と考えられているのではないか。北欧諸国では六〇パーセント以上が未婚の母から生まれている子どもだと、以前読んだ本にあった。女性が社会から大切にされていなければ、未婚の母はやっていけないだろう。因みに日本は一～二パーセントとあった。スウェーデンでは、男女平等ランキングも当然高い。

食後はツアーを離脱して、同室のチヨコさん、シズコさん、波へいでチヨコさんが知り合ったというヒラフジさん、九〇回クルーズで一緒だった女性の五人で歩き出した。旧市街の散策だ。土産物店やコープを見ているうちは良かったが、帰りに向かうときに道を間違えてしまった。ピースボートの赤い煙突が見えるから大丈夫と安心しすぎたのがいけなかった。橋を渡らないですぐに右に曲がれば早く着いたのに、橋を渡ってから右に曲がったので、対岸に着いてしまった。もう着いたかと思い高台で見回すと、一度引き返すしかなく、その後クタクタになるほどたくさん歩いた。私が望んだ「冒険」は希望通りにできたけれど、冒険はやはり大変なことなのだ。

「救急患者をヘリコプターで搬送するためにデッキの閉鎖をする」と船内放送が入り、急に人の動きが慌しくなる。といっても乗客の野次馬根性で、その様子を見るために移動している訳だ。今回私は右舷側の海を見ていて、左舷側のヘリコプターの様子を見に行かなかった。一時間後ぐらいに、再び船内放送が入った。「無事に搬送されました。ご協力ありがとうございました」

ネパールの女性／お寿司パーティー……………………六月二七日（水）

ネパールの女性が「ネパールを知ろう」という自主講座を開いた。二〇代に見える若い女性で、発音も正確な日本語で紹介している。

・八八四八メートルのエベレスト山は世界最高峰で世界遺産になっている。
・仏陀が生まれたのはネパール。
・一〇一の民族がいる。
・ネパールは二〇一八年ではなく、二〇七五年。
・四年前に、日本で自分の会社を作った。今はその会社の経営をしている。

間に自己紹介も入っている。

日本語が流暢なのに感心するが、異国の日本に会社を作って経営しているとは凄いことだと思いながら、私は聞いている。

カトウさんが招集した会は、夕方六時から行なわれた。総勢一八人くらいで、女性の方が少し多いようだ。カトウさんが全員の紹介を簡単にした後、ビールで乾杯して〝お寿司パーティー〟が始まる。姉妹が二組、おりづるのウエダさん、絵のキタムラさん、台湾のツアーでハーモニカの演奏をした人、大学の先生等、見た顔の人はいたが、初めて顔を会わせた人も数人いた。カトウさんや姉妹の女性たちとはたくさん話をする。横に長い列なので、遠くに座った人とは話ができない。

「下船後、九月下旬から一〇月上旬にかけて、長野の別荘に来てもらいたい」

と、カトウさんが言う。

3　デンマーク王国で、幸せについて考え古城を巡る

コペンハーゲン観光……六月二八日（木）

朝七時の入港前、私は八階のデッキで海を眺める。海は一面凪いでいて小さい島が一つ、二つ見えるだけだ。三〇くらいもの風力発電機が立っていて、ゆっくり動いているものや動いていないものもある。家々が見えてきても、まだ広い海が広がっていて、前日の風景とはかなり違う。高い割合で、エネルギーを自家発電しているのだそうだ。

自治権があるというグリーンランド島等を除くと、国土は九州ほどの面積で、広くはない。

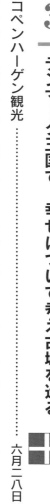

高福祉国家である。

　風車が　こちらから向こうまで列を成して　動いている
　ヨットと　小さな帆船が　一〇艘余り浮かんでいる
　飛行機やカモメも　飛んでいる
　この地コペンハーゲンの　今宵の日没は　一〇時近い

　コペンハーゲンの古城見学に出かける。この日のような快晴はマレだそうだ。車窓から見える町の色は灰色が多いようだ。天候と幸福度はあまり関係ないのかもしれないが、海上の風景は明るかった。

　現地ガイドさんが説明する。

・デンマークでは六七歳からをシニアと言います。
・北欧には、デンマーク、ノルウェー、スウェーデンの三か国があり、フィンランドは含まれません。

　どうしてそうなのかは言わないが、三か国は王国で、一四、五世紀のころに「カルマル同盟」というのを締結していたからだろうと思われる。日本ではフィンランドとアイスランドを入れて、北欧五か国と言うことが多いようだ。

クリスチャンスボー城では、特別な物の無いレセプション・ルームを覗いた。ロイヤル・コペンハーゲン本店は王室のお店のようだ。デパートのようで、店内や近辺の商店街を歩き回る。

アマリエンボー宮殿では外観を見ただけで昼食だ。一枚の大皿に数種類の料理が並び、それにパンだが満腹になる。

午後はローゼンボー城である。

・四〇〇年前に築城されました。

・今はこのように博物館です。

・二〇〇〇点以上展示しています。

・オランダから買い取った絵です。

いろいろな説明を聞きながらも、ぼんやりしていたのか、私には古城を観たという高揚感のようなものがあまりなく、『ハムレット』の舞台で世界遺産の『クロンボー城』を見たかったなどと思っている。古城について何か分かるかと期待したけれど、その国の歴史が分かっていないからかお城についても分からない。

最後にアンデルセンの人魚姫の像を見て、帰船だ。

お城や人魚姫を　汗だくで見て回った
夕方の八時は　嘘のように涼しい
風車やヨット　カモメや海を眺める
北欧の奥まった所に来ても　海は日本と繋がっている

夕食を終えた時刻に、地元演奏団「チボリマーチングバンド」のウェルカムパフォーマンスがあるので、八階に行った。男性八人が、数曲の演奏をする。上は赤の上着、下は白に紺の横線が入ったズボンで、黒い帽子を被っている。客船が寄港したときはいつも演奏しているのかもしれないが、このように歓迎の意思を表わされるのは嬉しいことだ。

高福祉国家とか、世界一幸せな国とかの部分は、表面的には見え辛いものかもしれない。

気候変動について／アイキャンのノーベル平和賞の授賞式　……………　六月二九日（金）

国連職員のアドリアナ・バレンズエラさんというコロンビアの女性が水先案内人の、講座が開かれる。「気候変動に向けてアクションを」についてだ。

・二〇一五年のパリ協定では、一七八か国が同意し温室効果ガスの削減をしている。

・原子力エネルギーについて国連は、各国に任せている。
アイキャンのノーベル平和賞の授賞式については、
・平和賞だけは、ノルウェーのオスロで授賞式をする。
・アイキャンの発祥地は、オーストラリアのメルボルン。
・おりづるピースガイドのメンバー三人が今回乗船している。

4 ノルウェー王国で、グリーグの人生を想う

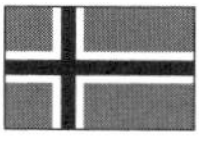

ベルゲン観光……………………六月三〇日（土）

ノルウェーは、日本と同じくらいの国土面積で、人口は五〇〇万人と少ない。首都はオスロだが、ベルゲンは今栄えている。

港から乗車したバスを降りると、一番に魚市場に行く。魚市場といっても、果物、肉、ホットケーキ屋さんがあり、少し離れた所にはTシャツや土産物店もあってどこも賑わっている。

少し歩くと、木の家々が集まっている所がある。かなり古くて傾いている家は修復して、今も大切に使っているという。世界遺産であるブリッゲン地区の、カラフルな木造家屋の間や中を見ていく。

道路脇には商店のようにいきなりハンザ博物館がある。一四〜一五世紀に、ハンザ同盟の事務所が置かれた所だそうだ。タラを輸出していたこと、石油が掘れるようになったこと等を聞き、博物館内を三階まで見ていく。狭いベッドに寝泊りしてタラ漁に出ていたのだ。

ケーブルカー駅まで少し歩き、券が前もって買ってあったからか、ほとんど待たないで、ケーブルカーでフロイエン山の頂上に行く。山頂の風景は日本にもありそうではあるが、見晴らしが素晴しく良い。港にはピースボートが見え、海の水は静かで青々としている。左の方には小高い山が延びていて、すそ野から中腹辺りまで、家が密集している所と点在している所がある。家の壁は白く、屋根のほとんどはオレンジで、たまに黒い屋根が見える。色と形のバランスが良い。右手上の方にはカモメが集まって飛び交い鳴いて、長閑な光景だ。六四〇メートルの高さという この辺りから、一番高い山も見える。国土の四分の一が森林だそうだが、それを俯瞰することはできない。

ケーブルカーで上った　ノルウェーの山
頂上から鳥瞰する　ベルゲンの町
青い湾に　私たちの船も浮かんでいる
隣の山の頂には　一〇羽ほどのカモメが群れている

市内のレストランでは、サーモン料理の昼食だ。六人席で小さなパンを六切れ、お代わりはない。バターはキャラメル大のものを二人で一つと質素である。無駄が出なくて良いようだ。サーモンときゅうりの酢の物は美味しい。

午後は、作曲家グリーグの家に行く。「ペール・ギュント組曲」の「朝」の曲が有名で、私もこの曲が好きだ。グリーグが初めて建てた家だそうで、家の辺りを「トロールの丘」と呼んでいたようだ。「作曲小屋」という小さな家が森の中にあり、初めて買ったという小さめのピアノが三台置いてある。これを使って作曲していたそうだ。小さな家にはピアノしかなく、大きな窓の外には海が見える。グリーグの身長は一五〇センチメートルと小さめで、ベートーヴェンの本を、ピアノの椅子に置き、おしりに敷いていたという説明もある。「六四歳で没し、国葬だった。二〇年後に没した妻のニーナとともに、崖の中腹にあるお墓にお骨(灰)が入っている」そうだ。グリーグの家もお墓も森の中にあり、海が見える所だ。

鳥の鳴き声もたくさんきこえてきそうな静寂の地で、幸せな人生だったのだろうと想われる。

作曲家グリーグの家は　海の見える森の中にある
少し下った海辺の作曲の部屋で　ピアノ三台を使っていた

グリーグが　生きて作曲していた様子が　目に浮かんでくる
爽やかな　朝のような中で生き　作曲し　眠った人

「フィンランドのシベリウスは、九一歳で没したのよ」

と、どちらのツアーにも参加したという音楽好きの女性が言った。私もどちらにも行っており、シベリウスの曲もきれいな曲だと昔思ったことがあったのに、慌しい観光の中でシベリウスもその説明も聞き逃して素通りしていた。シベリウス公園の記憶ははっきりとあるのだが、写真を撮ることに夢中になっていたようだ。

「小さなカエルは、演奏会のときのお守りにしたのよね」と、その女性が言う。

「カエルやブタやトロール（妖精のようなもの？）などを持って、演奏のときの緊張を解いたんですね」

とガイドさんも言う。

「子どものころから作曲していて、数えきれないくらいの曲があるんです」

とも。また、画家のムンクの生誕の地でもあると。

日なたは暑いが、日陰はとても涼しい。暖流の影響で寒くないのだ。それより、雨が降らないのは非常に珍しいということだ。

ソグネフィヨルド……………………………………七月一日（日）

朝、デッキに出てみると、山がありその頂には雪があるので、私は「雪だ！」と呟いていた。朝の景色はまだ山に木が多く、たまに岩肌が見えるだけである。ノルウェーの西部海岸線は、フィヨルド地方と呼ばれていて、この日は一日、ソグネフィヨルド遊覧だ。フィヨルドとは、ノルウェー語で、「内陸部へ深く入り込んだ湾」を意味し、氷河による侵食で作られたものであることは以前に聞いている。

「ソグネフィヨルドが二つに分かれ、ネーロイフィヨルドとアウルランフィヨルドになるんだ」

私は、解説のプリントを見ながら確認する。これまでに見たフィヨルドとは規模が違うようだ。間にある海はそれほど狭くないが、両側に垂直にそそり立つ岩壁を見上げて、感嘆の声を上げていた。いかにも硬そうな岩壁というより、超巨大な石のようなのに、木々はたくさん茂っている。奥まった所にも村や町や人家があり、人が住んでいる。高い山のあちこちから、滝が流れ落ちている。氷河が削った硬い岩山、そこに海水が入り込んでできたフィヨルド、地球にこのような場所があるのだと驚嘆し、豊かな地球だと確認する。

巨大な塊のような岩山が　次々と現われては　後方に歩み去る

険しい岩肌は硬い巨石のようなのに　木々の茂る緑が多い
山頂に　地図のような雪の広がりが見え
山腹には　滝となって　雪解け水が流れ落ちている

各種の運動と講座 ………………………………………………………………………… 七月二日（月）

八階のスターライトという講座室の奥の図書室のような所で休んでいると、社交ダンスの音楽や声が聞こえてくる。最初のラジオ体操から面白い。以前東北弁のラジオ体操をしていたが、この日は九州弁だろうか。「よかばい。しゃあい、足は横さ出して、次は横曲げの運動たい。……回しんしゃい」などという音声が流れてくるので、私はにやにやして楽しんでいる。ダンスの講師のご夫妻は、関西の人のようである。

ダンスの後は「エアロ&ボクササイズ」の講座で、私はこれに何回も出ている。一人で自分なりに動き回っていれば良く、間違えても誰にも迷惑がかからない。しかもかなりの運動量で、寒い日でも汗だくになる。さらに講師の中年の男性が、前で同時進行でやるお手本がとても格好が良いので、自分もそのようにできていると思い込んで、気分が良くなっている。

「世界散歩!!自転車で　～カツユキ君の自転車の世界五〇か国」は、七四歳の男性の自主講座である。これまでは自転車で、台湾一周と日本一周の講座があったけれど、今度は自転車で世界散歩だ。朝食時にこの人のこの話を小耳にはさんだ私は、「自主講座を開いてその話を聞かせて下さい」と言ったことがあったと、フト思い出した。

・五〇歳ころから始めて、今は七四歳。（高校時代から乗っている）
・七二歳から、日本縦断を試みた。
・アイスランドでは、地球の裂け目を走った。
・氷河が切れる音を聞いた。
・五キログラムほどの荷物があり、自転車は一〇キログラムぐらいある。
・キューバ、コスタリカ、パナマ、メキシコ、アラスカでも、多くの体験をしている。

前向きな人の体験談は、聞いているだけで力が湧いてくる。

5　アイスランド共和国で、未知の自然を見る

船上で　……　七月三日（火）

朝食後、船酔いしてはいけないと思い、八階の図書室で静かにしていた。頭重感が無くならないので、五階のレセプションで酔い止め薬をもらって飲むと、徐々に良くなっていった。

アイスランドに向かう大西洋は、ずいぶん揺れる。明日行くアイスランドは自然の多い国ら

しいから、実際にこの目で見て、この足で立つのが楽しみである。アイスランドの歴史等についてはあまり分かっていないけれど、実際に訪れた後はグッと身近になるはずである。アイスランドに向かう大西洋の水は青くも黒っぽくもなく、灰色で荒涼たる海である。空にも灰色の雲が垂れ込めていて、時々雨が降ったようである。

ここも北半球で夏であるが、うすら寒く暗い感じがして、私はやはりこういう所ではない方がいいと思ってしまう。ヨーロッパなら、ギリシャ、イタリア、スペイン辺りの明るい地域が懐かしい。北欧にも一度は来てみたいと思っていたけれど……。

アイスランドのレイキャビックに……………七月四日（水）

朝の五時に八階に上るとアイスランドが見える。日の出は三時一二分だから、大分前に朝になっている。因みに日の入りは二三時五一分だから、なかなか夜にならない。白夜だ。アイスランドは、地図で見ていたように小さな島。数多くある島国の一つであるが、「氷の島」という名前がちょっと変わっている。日本も島国だが、アイスランドは北海道の一・三倍ほどと小さい。

間もなく、どんよりと曇った空の下、霧が立ちこめた向こう側に小高い山のような島が見える。やがて港の町並みも見える。がっしりした建物が密集していて、明かりが所々に灯っている。車も少なからず止まっている。岸に近づくと、カモメが飛び交っている様子も見える。

後ろを見ると、牧草に覆われたような丘の長い島が現われた。黒っぽい屋根に白い壁、縦長の小さな窓が七～八個ある家と、さらに小さな家がある。絵本に出てくるような風景である。暖流のメキシコ湾流のお陰で、冬でも零下一〇度を下回ることはほとんどないという。バスで島内観光に出かけ、ガイドさんの案内を聞いていく。

・一九四四年六月一七日に独立しました。人口は約三三万人で、レイキャビックには三分の一の人が住んでいます。電力は水力と地熱発電から得ていて、火力や原子力発電はありません。

・向こうに見える雪のある山は火山で、あの火山の噴火によってこの土地ができました。

・火山の島で、これまでも度々大噴火が起きていて溶岩原です。

紫の花が道路わきにたくさん咲いている。同じくらいの背丈の黄色い花も時々ある。たくさん咲いているきれいな花は何という名前だろうと思っていると、説明があった。

・紫の花は雑草で、あまり歓迎されていません。ロシアから入ったアラスカンルピナスという花で、繁殖力が強いので、アイスランドの植物が育たなくなってしまうからです。

黄色の花はソーレと言います。

日本でも、珍しい花を見かけることが多くなったと喜んでいた私だが、動物でも植物でも固有種を大切にしなくてはならないことを改めて知らされた。

〔シングベトリル国立公園〕では、峡谷に巨大な岩が並んでいる様子に、固唾を呑んで見入った。天に向かって垂直に屹立している、幾何学的ともいえる巨大な奇岩が続いている。似ていながら、一つとして同じ形ではないと見える。見上げながら岩と岩の間の四〜五メートルほどの幅の道を歩いていく。天に聳える巨大岩がある道は五キロメートルも続くのだそうだ。角張った、でも高く美しくて目を引く岩を見上げ、見はるかしながら歩いていると、歩道の脇を見るように促される。深くて、底までは見えない亀裂があり、中を覗き込んだ。一瞬、ゾクゾクッと寒気がした。ユーラシアプレートと北米プレートの境目という深い谷で、地球の裂け目だそうだ。地球にこのような場所もあるのだと驚き、視野も広げさせられた。

〔世界で初めて議会ができた所〕が近くにあり、小高い場所から見回す。私たち以外の人の気配はなく、雁が五〜六羽立ち止まったり飛んだりしている。

バスで移動を始めると、アイスランディックという低い木が固まって生えている場所がある。苔も多く見える。車窓は自然ばかりである。

「初めは狐だけしかいませんでした。それから、野生としてトナカイが持ち込まれ、家畜はいろいろ持ち込まれました。今は、六万頭の馬、四五万頭の羊がいます。アイスホースは、アイスランドにしかいない小さい馬です」

少し高い山があったり、人家もたまに出てきたりするが、広々した自然が続くのは変わらない。

〔ゲイシール〕という間欠泉が、全くの野原の中にある。大小幾つもあり、大きい間欠泉は轟音と共に二〇メートル近くも上がって壮観である。野原の中で間近から見る、しかも足元のあちこちに、小さな間欠泉があったり、温泉が噴き出したりして、水溜りのように溜まっている所もある。でも、間欠泉は日本でも見たことを思い出す。

〔グトルフォスの滝〕は、最大幅が七〇メートルで、高さが三一メートルあり、一秒間に一〇万リットルの水量で流れているそうである。上から見下ろして壮大な全貌に目を奪われた。下に下りていって流れの迫力や水量の多さに度肝を抜かれ、しばらく釘付けになった。滔々と大量に流れ落ちる滝の水は、遥か向こうに見える氷山が溶けた水で、無くなることはないそうだ。

アイスランドの昼食はとても美味しい。ビュッフェ方式で、数えきれないほどに種類が多く、そのどれもがとても美味しい。果物も丸ごと数種類も出ていて驚かされる。果物など、多くは栽培できないだろうと思っていたのだが、大きさも、色も形も完璧と見える。

大迫力の滝を見た後、これまでで最高にと言えるほど美味しい昼食をゆっくり食べ、満足してバスに乗り込んだ。ガイドさんの説明を聞いていく。

・アイスランドの国土の九〇パーセントの土地は教会がコントロールしていましたが、プロテスタントになってから、土地は農家の人に返還されました。

・トマト、きゅうり、ラズベリー、バナナ等の野菜や果物は、温室栽培をしています。

私は海上で眺めていたときよりも、アイスランドを気に入っている。雑草が生い茂るというのではなく、低い草が生え、所によっては苔に覆われ、また時々紫や黄色の花が咲いている。紫の花はアイスランドの人には好まれていないそうだが、たくさんの紫の花と黄色の花が混ざって咲いているのはきれいで、目を楽しませてくれる。木の無い所が多いが、あっても膝丈くらいしかない木とか。場所によっては、背丈くらいになっていた木も少しあった。バスで相当走っても広々した大地で、緑が多い。車窓からその大地を遠望して、緑もたっぷり楽しめる。

アイスランドの夏は　緑に覆われている
苔　ひざ丈ほどの草花　背丈ほどの木々も　平原の中に見える
所により　巨大な岩山が　車窓近くに現われる
暗いイメージは払拭され　夏のこの島国が好きになっている

バスがどんどん走っていくと、巨大な岩山が出現した。その岩山も緑に覆われていて、緑に覆われている丘もある。それでも緑の平地が一番多い。農民の土地がほとんどだというのに、作物らしいものは全く見当たらない。収穫できないのかもしれないと思う。でもハウスを建てて栽培しているということで、イチゴの絵を大きく描いた看板が出ている所もある。地熱はあちこちで利用されているのだ。放牧している羊や馬がたまに出ていて、人家もごくたまに見えるだけである。海辺を離れると自然ばかりである。

夜、同室のシズコさんは、ブルーラグーンという温泉に入ってワインを飲んだと楽しそうに話している。

国連の「世界幸福度報告」で、北欧五か国は例年上位にいるようだ。今回五か国を歩いた私は、その理由になる共通点を考えてみた。北に位置する割には、暖流のメキシコ湾流の影響でそれほど寒くない。どの国も海に面している。どの国も緑が多い。他に考えられるのは、地味な印象があったことかもしれない。きらきらした派手なところは見えなく、質素なところが見えた。それと、弱い立場になりがちな女性や子どもを大切にしていた（のだろう）。外に向けてではなく、内に向けて充実していた（のだろう）。要するに、福祉が行き届いているのではないか。

バイキングと呼ばれた人たちが、交易商人・農耕作者・狩猟者・工芸家・勤勉な入植者であったということを考慮すると、北ヨーロッパの人々の勤勉さや質素さや堅実さが理解し易くなる。

北極圏　七月五日（木）

早朝五時ごろ、北極圏に入ったということで、これまでの朝とは違って少し寒い。日の出は三時二八分で、日の入りは二三時三六分と、船内新聞に記載されている。北極圏とは、

・北緯六六度三三分以北の地域。
・大部分は、夏季以外凍結していて、氷と雪に囲まれている。
・真冬に太陽が昇らない「極夜」と、真夏に太陽が沈まない「白夜」が一日以上ある地域。
・北極圏が含まれる国々は、北欧五か国とロシア、カナダ、アメリカだ。
・先住民も含め、約四〇〇万人が暮らしている。
・この地域にしか生息しない生き物たちもいる。（ホッキョクグマ、セイウチ、ホッキョククジラ、イッカク、シロイルカ、アザラシ、南極のみにペンギン）

午前九時ごろ、「間もなく北極圏を離脱します」の船内放送が入った。

・地球温暖化の影響で、北極の氷が溶けている。
・二〇一七年から二〇一八年、北極の海氷面積は、観測史上二番目に小さい。

・二〇一六年から二〇一七年、北極の海氷面積は、観測史上一番目に小さい。北極圏通過はしかし、濃霧のために何も見えない。風もそれほど強くはない。寒さ対策だけして、デッキに出て行って見ても、海上はいつも濃霧の灰色、残念である。

北極圏の風景は　濃霧で見えなく
流氷が見えるとの　期待も空しく
どんよりと曇った　暗い空
冷たい空気の中　大きな波に揺られて　カナダに向かう

北極と南極 ……………………………………………… **七月六日（金）**

水先案内人中山由美さんの「勤務地は最果ての地、北極と南極」の話を聞く。中山さんは、現役の新聞記者だ。

・ノルウェーのアムンゼンという人が、世界で初めて南極に到達した。
・一九五六年一一月に第一次南極観測隊が出た。
・わたしは（中山さんは）二〇〇三年に初めて南極に行った。
・南極の氷の厚さは、平均二〇〇〇メートルある。

・地球上の九割の氷は南極にある。
・南極大陸の広さはアフリカ大陸の半分くらいで、日本の三七倍ほどある。
・草木や花や土は無いが、コケは生えている。
・冬は暗くて晴れているので、オーロラを見るのにいい。
・一か月くらい太陽が出ない日がある。
・マイナス六〇度くらいで、大気もマイナス四〇度くらい。
・七二万年前の氷が出てきたので、七二万年前はどうなっていたのか分かるようになった。
・地球の過去を見て、この先を考えることができる。
・隕石を見つけやすく、すでに一万七四〇〇から一万七五〇〇個見つけた。
・グリーンランドの緯度は六九度、南極の緯度も六九で同じ。
・南極で一番寒いのはマイナス八二・九度、北極で一番寒いのはマイナス五〇から六〇度。
・温暖化で、北極海の氷やグリーンランドの氷が融けている。
・グリーンランドの氷は、どんどん減り続けている。
・地球サイズ、生物サイズで考えたい。
・南極条約は、①領土権を主張しないようにしよう。②地下資源を開発しないようにしよう。③軍事基地は作らない。この三点だ。

映画を観終えて帰る　夜一〇時
まだ　陽が高く照っている
朝五時　デッキに出ると　陽が高く照っている
白夜の国を後にし　北極圏の海を進んでいく

核兵器について　……………………………… 七月七日（土）

「アイキャンと核兵器禁止条約」の話を水先案内人のスコット・ラドラムさんから聞くが、川崎さんの話と同じような内容なのは当然だろう。

小さな氷山／ダンスフェスティバル　………… 七月八日（日）

夕方五時ごろ「氷山が見えます」の船内放送が入り、七階前方デッキに見に行った。冷たい風がビュービュー吹き付けるなか、小さな氷山が一つ見えていた。水中に大きく沈んでいるとはいえ、やはり温暖化で氷が融けているんだと思わざるをえない。五年前や一〇年前と比較できたら分かり易いのだが。

「ダンスフェスティバル」には、総勢一七を超えるチームが出演するということで、七階の会場から四階まで入場者の列ができていた。シズコさんとチヨコさんは早く行って並んでいて、私の分の席も取っていてくれたけれど、途中で取りきれなくなったと言う。私は始まる五分ほど前に行き、たまたま空いていたような一つの席に座れた。熱気ムンムンである。観客席は後ろ半分で、前半分は出演者の席ということで、出演者は多い。社交ダンスが多いのだろうという予想に反して、社交ダンスは最初の一回だけ。しかもダンサー同士が押すなのごった返す中で踊った。サルサも同じ。ジャズ、パラパラ、バトン、ドラエモン、ソーラン節を入れたジャズをフリースタイルで、ヒップホップ、チアダンス……と、次第に気持ちも軽やかになる。最初考えていたのと違い、ずっと「激しく動く若々しい今風のダンス」と思いながら、目を吸い寄せられていた。若さ弾ける内容で、頼もしい若者だ。

地球最北の村／卓球大会 ……………………………… **七月九日（月）**

日の出が五時一分、日の入りが二〇時四九分で、日の出日の入りが段々普通になってきた。気温も今朝は、特別寒いものではなかった。

新聞記者の水先案内人の中山由美さんに「幅広い話を聞く」という企画があった。北極や南極の話が中心であるから興味深い。

地球最北の村、グリーンランドにシオラパルクという村があり、先住民が住んでいる。

・この村に在住四〇年の日本人男性がいて、ウサギ、アザラシ、シロクマ、海鳥などを狩って生活している。アザラシの皮のブーツやシロクマの皮のパンツを作っている。

・グリーンランド犬が引く犬ぞりに乗って狩りをしている。

・世界最大の島のグリーンランドで、カナックには四〇人ぐらいが住んでいる。
・最近は北極観測にも力を入れ始めている。
・マイナス八九・二度の所もある南極。
・北極よりも南極の方が圧倒的に寒い。
・南極は温暖化の影響を受けにくいが、北極の方は、温暖化の影響がはっきりしている。
北極の夏の気温が二度上昇したとか、北極の海氷面積が減少していることは、何年も前から見聞きしている。

七一歳になるという日本人男性、過酷な自然の中で日本では考えられないような過酷な日々を過ごしているように私は見てしまうが、ここに住む男性にはそれ以上に魅力ある地なのだろうか。グリーンランドは自治権を与えられているけれど、まだデンマーク領のようだ。

この日は「洋上卓球大会」がある。卓球はほとんど毎日二部屋使って自由にできるようになっている。卓球台二台にラケットやピンポン玉も揃っていて、好きな人はほとんど毎日汗を流しているようだ。同室のカオルさんは自主講座のテニスをしているが、ピースボート主催の卓球も、テニス以上に度々やっている。私は運動不足にならないようにときどきは卓球をしても良いかなくらいには思っていた。そして実際に何回かはやった。でも卓球があるのは午前中のまだ朝の時間帯が多いので、「朝から汗だくになるのはあまり快適ではない」との思いでほとんど行かなくなっていた。「でも、卓球大会には出てみたいな」という思いが湧き上がっていた。二回目の船旅ではもっと度々卓球をしていたけれど、大会には出なかった。三回目の今回はできるだけ積極的に出てみようという気持ちでいた。

〝参加することに意義があり〟だからと、八階の会場に行って申し込んだ。まだ少し時間があるからと、九階に行き日本そばの昼食を摂った。急いで八階に行き会場の様子を見回すと、驚いたことに私は第一試合に入っていた。しかも相手は同室のカオルさんになっている。手荷物を置いたりして、すぐに試合開始である。状況がよく分からないうちに一セットが終わり私は勝っていた。二セット目は、カオルさんがメンツにかけても頑張ったようで、私は負けていた。三セット目も抜いたり抜かれたりでジュースだったが、結局私は負けていた。審判をしていた初老の男性が「良い試合だったね」と言ってくれたので、良い試合だったのだろう。私には、試合に出たことが良かった。

四章
初めての都市で楽しみな、北米大陸の国々

1 カナダ東部から、見えてくる物事に期待する

ハリファックス／ルーネンバーグ ……… 七月一〇日（火）

カナダのハリファックスに寄港するためか、船内が片付いている。八階のテーブルや椅子は全て無くなり、広場になっている。四階のレストランも、パン類、ホットミルク、豆乳、中華もの、梅干や海苔等が無く、テーブルの並べ方もいつもと違っている。対面審査も一部だけあり、ちょっと驚いた。中国、マレーシア、タイ、パラオ、フィジー、東ティモールの人、オーバーランドツアーで出かける人は対面審査があるそうだ。

カナダの面積は世界で二番目に広い。一番はロシア、三番はアメリカである。

バスは、ルーネンバーグを目指して一路走る。ガイドさんは、日本語の入ったマップを二枚ずつ用意してみんなに渡してくれたり、にこやかに説明してくれたりして親切だ。

・高速道路は一部を除いて無料です。

片側二車線の広い道路である。高台の鬱蒼と茂る森林地帯の広い道路を延々と進んでいく。七五パーセントが森林なら、当然のことだろうか。しかし程よく車が走っていて、寂しくも恐くもない。とにかく広々していて、運転士さんもガイドさんも大らかでゆったりしていて

親切だ。私はカナダへの好感度を高めている。

・一八四一年に開拓された高級住宅地です。船と家とヘリコプターを一〇〇〇万カナダドルで買えます。

ヘリコプターまで付いているなんて……日本人で買える人は大勢いるのだろうな、と私は思いを巡らせている。マホーン・ベイという所では、三棟立ち並んでいる教会を車窓から見ていく。

カナダ名物のロブスターの昼食を先ず食べる。予想していたロブスターと違い、パンの間に挟んでハンバーガーとして食べるが美味しい。

カナダ東岸の高速道路を　バスに揺られていく
坂の多い道　片側二車線の道路が　どこまでも続いている
道路の両側には　緑濃い森林が　いつまでも広がっている
道路と森と　たまに見える湖だけのような　広々した町

ルーネンバーグ旧市街は世界遺産だが、建物ではなく、碁盤の目のような道路がだ。木造の家は全て七〇〜一〇〇年経つのだそうだ。岸辺に停車したバスを降りて、それぞれ自由にあちこちの急な坂道を上っていく。四五度以上もありそうな急な坂道だけれど広い道路で、時々車も走っている。

帰りの車中で、絵画カルチャーの先生と話した。初めて見る顔で知らない人と思っていたので、すぐ近くの斜め後ろに座っていたけれど、挨拶もしないでいた。すると昼食後少し経ったころ、隣席の女性に見せた後、斜め前の私にも見せた。数枚の絵だった。色のついたのもあったけれど、色のついていないものの方が多い。今描いたばかりのもののようだった。

「絵の先生だったんですか」

「毎日、午前と午後に指導するんですか。それは忙しいですね」

「寄港日には指導が入らないのなら、これからは寄港日がたくさんあるので、絵を描くかき入れどきですね」

「建築のお仕事をしながら、絵の勉強をされていて、四〇年も絵を描いていらっしゃるんですか」

私は矢継ぎ早に質問したり感想を言ったりしていた。

「中国の水墨画も習って、それに色を付けて独自のものにして、展覧会に出して賞を取ったんですよ」

と言い、それらの写真が入っているスマホを見せてくれた。凄い、凄いと、私はただ感動していた。

「自分ならではの独自のものを創り出すことが大切なんですね。この船には中国の人が乗ると聞いて、教えようと思ったんですよ」

と言う。ガイドさんの案内もある。

・タイタニック号が二二〇〇人余り乗せて沈没し、一五〇〇人余りが死亡しました。

・ハリファックスは一番近い港で、墓地もあります。

・メープルシロップは、カエデの木の樹液から作ります。

カナダ北部の海水は　どんよりとした曇り空のように重々しい

緑がかった灰黒色の海水は　甘えを許さないように揺れている

荒れている海ではないが　船が大きく揺れて波の存在を知る

北極圏のもっと厳しい自然でも　人間も動植物も　生きていた

七月上旬「西日本に豪雨が降り大きな被害を受けたようだ」の声が聞こえていた。その被災状況をピースボートのスタッフが映像で流したようだ。が、私は見そびれていた。大阪地震と同じで、申し訳ない。

2 アメリカ合衆国で、中心部にあるものを見る

国連を訪ねる準備／米朝会談 ……… 七月一一日（水）

「国連本部を訪ねる準備会」では、時間の注意が多いようだった。

「米朝会談を巡る日本とアジア」という、川崎さんの話を聞いた。米朝会談が行なわれ、両国だけでなく、日本でも大きなニュースになっていた。船上にいると、少し遠い所のできごとになっている。

・ジョンウン氏が宿泊したホテルの隣のジェットコースターが動いていて、『キャーッ』という声が聞こえていた。

・メディアは、ＮＨＫが一〇〇人行っていた。

等が私の耳に入ってくるが、全貌ははっきりしない。当然かもしれない。

ニューヨーク観光 ……… 七月一二日（木）

ニューヨーク入港が一〇時ごろ。入国審査の準備や対面審査があるので、出かけられるの

は午後からになる。午前は落ち着かない気持ちで、私は読書をして待っていた。

審査を終え、バスが出たのは二時半ごろ。ガイドさんは沖縄生まれ東京育ちで、ニューヨーク在住三〇年だそうで、元気よく親切に市内の様子を案内してくれる。先ず国連ビル前で下車して、写真タイムを取る。車内で一九三か国が加盟しているとか、四つのビルからなるとか、国旗のことなどについての説明を聞く。

次は、エンパイア・ステート・ビルに上り、八〇階と八六階からニューヨークを鳥瞰する。東京と同じようにも見える。

・昭和四年から六年にエンパイア・ステート・ビルができてから、八〇年以上経ちます。

地上一〇二階です。

と、説明がある。バス内ではまた、

・九・一一以降、夜の地下鉄はちょっと危ない。ニューヨークの人は信号を守らない。トランプさんとあと一人の二人が二大不動産業者で、トランプさんは幾つかのビルを持っています。

等の話を聞いていく。

三番目には、九・一一グラウンドゼロメモリアルパークに行く。二〇〇一年九月一一日に貿易センタービルが襲撃され、崩壊した所だ。テレビで何回も見た廃墟が、今は緑の多い公園になっている。二四〇本以上の木を植樹したそうで、茂った柏のような葉がゆるやかに揺れている。ビルの跡地の正方形の穴には、四方の垂直の面から水が流れ落ちる滝になっていて涼しげである。四つの面の上方には平らな石板があり、そこには犠牲者の名前が刻まれている。二つの穴とも同じようになっていて、惨状の跡形もなく復興していて、アメリカの底力を見るようである。

その後は市内のレストランで夕食だ。大皿に盛った料理を四～五人で食べていくのだが、量が多くてとても食べきれない。最後のコーヒーは、三人分がなかなかこない。レストランを出る時刻になってしまうので確かめると、隣のテーブルに置いてあった。私を含めた三人はコーヒーを舐める程度でレストランを出ていく。日本のビジネスマンがあちこちで談笑していて、懐かしげな視線を向けている。

その後さらにニューヨーク車窓観光で、人が多いことと車の多さが目に入ってくる。夜の九時過ぎに船に戻った。

国連本部／メトロポリタン美術館に …………………………… **七月一三日（金）**

朝八時に集合して、バスで国連本部に向かう。短い乗車時間だがガイドさんの説明がある。

・ニューヨークには三五〇の劇場があり、この辺りに五〇あります。
・ニューヨークの冬はマイナス二〇度にもなります。
・二〇世紀初めに市ができて、南から北へと開けていきました。
・一九二九年にクライスラー、一九三一年にエンパイア・ステート・ビルができました。
国連本部内でも多方面の説明を聞きながら、内外を見ていく。
・一九四五年発足時五一か国、現在は一九三か国が加盟している。
・国連の常任理事国は、米・英・仏、露・中で、第二次世界大戦の戦勝国である。
・二〇一一年にはスーダンが加盟した。
・世界大戦を防ぐためにある。
・戦中まで三分の一が植民地だったが、信託統治理事会によって一一か国が独立した。
・一九九四年には、パラオがアメリカから独立した。
・一九五の国旗があり、AからZの順に並んでいる。
・三億一〇万ドル、軍事費に費やされている。
・国連は四〇〇万個ほどの地雷を撤去した。
・総会の部屋は、中心的役割を果たしている。
全ての部屋を見た後は、売店で終わりである。国連本部内を一通り歩いて見たことは、満足である。世界にあるもの、ひいては地球にあるものは、できる限り見たい。

午後はトシコさんとメトロポリタン美術館に行くことにしている。九〇回船旅で一緒だったトシコさんが、二日ほど前の説明会が終わった後に、午後の予定がないのなら一緒に行かないかと誘ってくれたのだ。名前だけは聞いたことのあるメトロポリタン美術館に、午後の時間だけで行けるならそれはとても嬉しいことだ。トシコさんは日本にいるときから決めていたようで、いろいろ調べてある。ぼんやりしていた私は何も調べてなかったので、急遽地図をコピーしたりガイドブックで調べたりした。またトシコさんは今回がニューヨーク訪問二回目だそうで、私よりずっと詳しい。私は手に持った地図をあまり見ることもなく、大雑把な方角が分かるくらいで歩いていた。地図で見てもかなり遠いけれど、実際はセントラルパークの北の方に美術館があるので、歩いてはいけないと言っていた人が何人かいた。しかし私たち二人は炎天下を、足早でものろのろ歩きでもなく、普通の速度で歩き続けた。華奢でのどや足が痛くなると言っていたトシコさんは、途中で持参したサンダルに履き替えただけである。のども大丈夫のようで、二人して持参の水を飲んだだけである。

「そろそろ着いてもいいころね」

「あの建物がメトロポリタン美術館かもね」

ということで、公園から美術館の表側に回り中に入った。コレクションは二〇〇万点以上あり、四分の一が展示され、四分の三は収蔵庫にあるのだそうだ。ロンドンの大英博物館、サンクトペテルブルグのエルミタージュ美術館、パリのルーブル美術館と並ぶコレクションの多さだとか。

一階はギリシャ、ローマ、エジプトの美術品。石棺や石柱などの重い物を、よくぞこれだけ集めたものと感心するほどの量である。二階は一九世紀、二〇世紀のヨーロッパの絵画や彫刻などで、日本の物も数多くある。確かに広くはあったけれど、大方の所は見て回り概要もつかめたので満足だ。日本の美術館で見た作品も何点かあった。

国連から歩いていき、美術館内も歩き回ったので、帰りは地下鉄に乗った。切符の買い方がよく分からなくて、やっと買ってやっと乗ったという感じだ。乗り換えをする所で降り、今度は同じ切符で乗って行けたのだが地下鉄はやめて歩いて船まで帰った。トシコさんの万歩計によると、二万八九一三歩で、一七・四キロメートル歩いたそうだ。

耳に残った言葉／人はなぜ旅をするのか　……………………　七月一四日（土）

コミュニケーション・コーディネーターが企画した中に、「誰にも従うな」という話があった。ドイツの図書館の入口に『誰にも従うな』と書いてあったということで、特別印象に残った。場所が図書館の入口である。図書館に置いてある書籍の内容にも従うなということだろうか。そこまで自分を信じることは、私にこそできていないことだと忸怩たる思いになる。

誰もが自分を信じてとことん考えるようになれば、自分も社会も変わるのだろうなとは思う。自分を信じること、信じることのできる自分になることは常に急務である。

「人はなぜ旅をするのか」の話を、水先案内人の伊藤さんがする。新聞記者である伊藤さんは中南米にある三三か国を一人で担当してきたそうだ。全部で八二の国の取材をしたと言う。その上での感想だから興味深いことがいろいろある上に、話がとても上手いのでいつも惹き付けられている。海外でしてきた取材活動の年月も、旅ということだろう。

・キューバはやかましい国でカルチャーショックを受けた。『踊る』『楽しむ』がないと、人間の生活ではないと考えているようである。

・オランダの軍隊が背負っているのがランドセルで、学生服やセーラー服も軍人用のものである。

・一箇所に留まると精神が腐るから旅をするのだ。

・サグラダ・ファミリアを修復した外尾氏の場合、旅が彼の人生をつくったと言える。

・太平洋一人ぼっちの堀江謙一さんの人生も旅であった。

特別な何かを成し遂げた人でなくても、全ての人は旅人であると思われてくる。

八五歳の女性／アメリカについて……………七月一五日（日）

トヨダさんは八五歳というのに、ピンクと赤と白の大きな花柄のドレス姿で、軽やかに社交ダンスの練習をしていた。普段着で社交ダンスをしている人や、ドレス姿でも地味目のものを着ている人の中では一際目立ち、まだ若いお姫さまのようである。社交ダンスをしている横を通りながら、ちょっと目を留めるとトヨダさんであった。一番若く見えていた人が、一番年上の人だった。

その後、秘訣を聞こうと思って声をかけた。

「ええ、ドレスはみんな自分で作ったんですよ。今着ているこれも、昨日着ていたドレスも、みんな自分で作ったんです。人の物は作らないんですよ。娘でも文句を言ったりしますからね。着物をほどいたりして、いろいろ使って作りますよ。今着なきゃあしょうがないから着るんですね」

と言った。八五歳半で、その若々しさには目を見張る。オーバーランドツアー三つにも申し込んだそうだが、一つは娘が風邪を引いてどうしようもなかったから、キャンセルしたと言う。

「今回の旅はいろいろな所へ行って、きれいな風景を見て満足しているの」

と言うように、船内でも船外でも、楽しんでいる。国連本部見学は一緒だったけれど、母娘二人で楽しそうに歩き回っていた。

トヨダさんはいつもにこにこしていて、きれいで、落ち着いていて、これでは長生きしていても当然かと思われてくる。私の母親は、八四歳で六か月入院して亡くなってしまった。一緒に、一度でも旅をしたかったのに。

「間食をしないことね。よく眠る。昼寝もするの」

ということだ。人の言うことで、いいと思うことは実行していきたいと、私は思っている。

「九・一一からトランプまで」を、水先案内人の伊藤さんが話す。

伊藤さんがアメリカに赴任して一〇日後に、九・一一が起こったそうである。
・一日目は、アメリカは反省すべきだ、の声が強かった。
・二日目は、モノが言えない愛国社会になった。
・その後は、被害者だから反省しなくて良いとなった。
・三か月くらいで、監視社会になった。
・バーバラ・リー議員（野党の黒人女性）は、アメリカの『戦争法』にたった一人反対した。大統領一人の判断で開戦できるものだからという理由でだ。次の選挙では圧勝した。一人の議員、一人の母親が多くの人を動かす。
・サンフランシスコの市立図書館は、一人の老婦人の力によってできた。老婦人は『それまでの人生で一回でも楽しかったことはなかったが、親が一冊の絵本を買ってくれたので、そのお陰で死なないですんだ』と言った。この声からＮＧＯ『いい図書館を作る会』ができて四〇億円が集まり、図書館ができた。

・ダスティン・ホフマンは来日早々、原爆について謝罪した。でも、今はまたイラクで同じことをしている。

・マイケル・ムーア映画監督は、銃や九・一一を扱う。医療は、無料のキューバで受けさせる。

・アメリカは、人口の一パーセントが富の九九パーセントを握る。労働者の三〇〇倍の年収が、大企業経営者の年収である。

幅広く興味深い話を聞くのは楽しく、新聞を聞いている気分である。

五章

中南米の国々と西海岸で、さまざまの風景を見る

1 キューバ共和国で、翻弄された様子を垣間見る

八五歳の女性…………七月一六日（月）

早朝、トヨダさんのお母さんと言葉を交わした後、八階の広場に行くとトヨダさんの娘さんがいて話すことになった。おしゃべり好きな人で、私はいつも、いろいろ聞くことになる。

「母は洋服仕立ての仕事をしていた。その前は保険の仕事をしていた。ドレスを着物の生地で作るけれど、母の持っている着物というのではなく安い着物を買ってきて、それを解いてドレスにするのね」と言う。旦那さんがお金持ちで、贅沢三昧をしている有閑マダムではなかったようだ。お母さんの方はこれまでに「ガーデニングが好きで、庭に花が絶えたことはない」とか、「草取りとか、苦にならない」とか、「(ドレスなど）着ないでおいても仕方がないから、どんどん着るの」とか、「食べ物には気をつけている。間食はしないようにしている」とも言っていた。決して派手ではないが、髪形もお化粧もきれいにして、手作りのユニークな洋服は明るい感じで、要するに全く年寄りっぽくない。八五歳になると言いながらも、自分の子どものような年齢の人たちと、難しいという社交ダンスを堂々と踊っている。この姿勢が全て、健康や長生きのもとだろうと思う。日々明るく過ごし、楽しんでいる。私

も楽しく生きよう、身軽に体を動かして日々の生活を楽しもう。船内にはたくさんの人がいるのだから、それらの人から良いと思うところは大いに吸収していこう。トヨダさんのような人を見習って、ずっと元気で人生を謳歌しよう、と思う。

トヨダさんは「ヨガもしていたんだけれど、楽しくないからやめたの」とも言っていた。確かにヨガは、歯をくいしばって不自然とも見える姿勢をいろいろする。でも私は無理するほどのことはしていないから、関係なさそうだ。

キューバについて

「ゲバラの夢・キューバは今」で伊藤さんの話を聞く。

・キューバ人カストロは、亡命していたメキシコでアルゼンチン生まれのゲバラと出会い、革命をした。

・一九五九年一月に、革命は勝利した。その結果、人種が平等になり、五つの医学校ができ、みんなが国家公務員になった。平均給与は二二〇〇円で、カストロは三六〇〇円。

・教育費・医療費が無料になった。

・農地改革が行なわれた。砂糖はアメリカが買い、石油はアメリカから買うようになった。

・二〇二〇年までに化石燃料を廃止しようとしている。

・ここ一〇年間で森林が拡大している唯一の国である。

一四九二年、コロンブスが航海時にキューバに到達した↓キューバはスペインと中南米の中継地として発展するが、スペインは植民地化する↓その後フランス、イギリス、オランダ等に攻撃される↓一八九八年、約四〇〇年にわたるスペインの支配下から脱したが↓アメリカの軍政下に入る↓一九〇二年キューバ共和国が成立した↓一九五二年のクーデターの政権で、国民は窮地に↓一九五三年にカストロは政権打倒を企てるが、失敗する。

この後のことが、伊藤さんの話になる。どこの国にも生まれる苦しみはあるのだろうが。

ハバナ旧市街徒歩散策　……………………………………　**七月一七日（火）**

首都ハバナの旧市街に徒歩散策で出かける。カテドラル広場、アルマス広場、民芸品市場と歩き、ヘミングウェイが好んだ酒場とか、泊まったホテル横の石畳の道を歩いていく。

カバーニャ要塞では、

「一辺が七〇〇メートルほどの長さで、キューバで最も大きい要塞。アメリカ初の要塞で、一八世紀後半に築いたが、イギリス軍によって間もなく壊された」

等の説明を聞きながら見回す。見晴らしが良く、大砲や弾が幾つも見える。

七〇〇メートル四方あるという　キューバの要塞
あちこちの大砲の横には　鉄の黒い大玉が山になっている

眼下には青い空と海　白い町並が静かに広がり
人の思惑や蛮行を乗り越え　超然としている

レストランで、魚料理の昼食を摂ると、革命広場、革命博物館に行く。チェ・ゲバラが壁に大きく描かれている。革命広場の端には、クラッシックカーが二〇台余り止めてある。一九九〇年代経済破綻していたときに、「これでいいよ」と、アメリカから買ったクラッシックカーだそうだ。私たちの中には、クラッシックカーのファンの人が多いようで、あちこちで写真を撮っている。

おりづるプロジェクトのウエダさんは「キューバは豊かな国。友情によって平和は作られる。アイキャンの活動を応援してくれていた。皆さん、良い人生をと思った」と言った。それを聞いた私まで同じような気持ちになっていた。

作詞家や歌手の人生……………………………………七月一八日（水）

伊藤さんが「歌の旅人」の講座で、作詞家や歌手について語った。どうしてそのような歌詞を書いたのか、その作詞家はどのような人生を歩んだのか、どのような出来事があったからその歌詞ができたのか等を具体的に詳しく話すのを聞いていると、小説の朗読を聞いているような気分になる。伊藤さんは、世界各地で取材をしている上に、日本の作詞家の人生までも研究している。

「母さんの歌」「北国の春」と
作詞家の人生や　苦労話を聞いた後
船内に響く　軽やかな歌声
船外では遠雷が響き　船を揺らしていた

カリブ海に入ったからか、海の色が心持ち青くなっているように感じる。
「カリブの海賊共和国　～安定よりロマンを求めた人々」の話を、伊藤さんがする。
・海賊と山賊とでは、海賊の方が良いイメージがあるのではないか。（勇敢で、積極的で、知的で、本気で）
・一四九二年に、コロンブスが新大陸を発見した。
・一五一九年に、マゼランが世界一周した。
・二大海洋帝国のスペインとポルトガルが、新大陸の支配権を分割した。（ポルトガルはブラジルを、他はスペインが）

・スペインが新大陸の富を略奪した。（メキシコのアステカ王国の銀、ペルーのインカ帝国の金）
・キューバを中継地にしたイギリス、フランス、オランダ人が、カリブの島々を占領した。

2 ケイマン諸島（イギリス領）で、ビーチを歩く

ジョージタウンに ……………………………… 七月一九日（木）

ケイマン諸島の中で最大の島であるグランドケイマン島に近づく。テンダーボートに乗ってジョージタウンに上陸すると、ビーチ送迎バスでセブンマイル・ビーチに行った。

見渡す限りのビーチで、スケールの大きさに歓声を上げていた。白い砂浜にクリアブルーの海水が打ち寄せながら輝き、眩しい。波打ち際は長く続き、沖の方まで穏やかな海で、広々としている。青く透明の海水が、白砂のビーチに規則正しく緩やかに打ち寄せている。泳ぐ人も半身浸かる人も足だけ浸けている人もいる。ビーチパラソルの下で寛いでいる人も多い。

私は、素足で水辺を歩くことにする。ビーチをたくさん歩き、途中で会った人と話したり、近くのカフェに寄ったり、船の人たちの休憩所でおしゃべりをしたりして、ケイマンの広く美しいビーチを眺め歩いて堪能した。

色とりどりの　ビーチパラソルが揺れ
規則正しく打ち寄せる　クリアブルーの海水
ケイマンの白砂のビーチは広く　海水を抱え込んでいる
波に乗り　泳ぎ　ボートで揺られる人たちの　歓声が上がる

できたら行きたいと思っていた博物館は、テンダーボートで着岸した近くにあったけれど、バスにたくさん乗ってビーチに来て、バスは夕方迎えに来ることになっている。炎天下を戻るのも、ちょっとやっかいだ。結局博物館には行かないで、ずっとビーチにいた。泳ぐとさらに良かったのかもしれない。

島／コスタリカの憲法……………………七月二〇日（金）

このところ、島を巡ることが続いたようだ。アイスランド、キューバ、ケイマン、海のあちこちに島があるのだから当然かもしれない。海水の色は、深さや外気温や海流や塩分濃度等によって変化しているようだ。

ケイマン諸島が近づくにつれ、海水の色は群青色になり、海は凪ぎ、表面がゆっさゆっさと揺れ、水面のあちこちには黄金の色にも

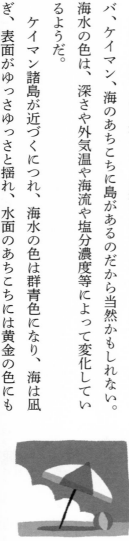

見える藻の固まりが浮いていた。今回の旅では、海の色、海面や水平線の様子を見る機会が少ないかもしれない。カモメが元気に飛んでいる様子は何回も見たけれど、イルカ、トビウオ、クジラ、カメ等、見えるところがあり、見た人もいるようであるが、私は見ていない。

海草の浮いている海
重たげにどっしりとした海　紺碧の海
さざ波の見える海　凪いでいる海
人の思惑に関係なく　海はおのおのの表情を持っている

「コスタリカの平和憲法」について、水先案内人のロベルト・ザモラさんが話した。コスタリカ人のロベルトさんは、若いときたった一人で平和憲法を作ったという人だ。初めてピースボートに乗船したとき、ロベルトさんから詳しく聞いている。

・コスタリカの憲法一二条に『軍の廃止』が書かれている。
・二〇〇三年アメリカ、イギリスが参戦するとき、コスタリカの国民は大統領を訴えることを考えた。
・そして『連合軍から撤退する』ということで勝訴した。

パナマ運河について／反撃する中南米／ブラックペアン物語……………七月二一日（土）

「パナマ運河歴史ミステリー」と題して、水先案内人の八木さんが話した。八木さんは歌手が本業で、中南米で活躍しているが、日本で政治的な活動もしている。

・パナマ運河はカリブ海と太平洋を結ぶ。
・フランス人のレセップスとエッフェルが二人で取り組んだが、運河はできなかった。
・アメリカが援助してコロンビアからパナマが独立した。
・黄熱病・マラリア等で、建設が大変だった。
・パナマにありながら、通行料はアメリカにいったため、アメリカのもののようだった。
・一九八九年アメリカが二万人でパナマを攻撃した。
・パナマ侵攻事件では三〇〇〇から四〇〇〇人の死者が出た。
・後にアメリカは、パナマに賠償金を払い、一九九九年には返還した。

「反米大陸〜アメリカの干渉に反撃する中南米」は、水先案内人の伊藤さんの話だ。話を聞いているときはとても興味深く面白く、分かり易いと思っていたが、船が大揺れに揺れ、私は気分が悪くなっていた。酔い止め薬はなるべく飲まないようにしていた。お昼になったので、四階のレストランに行き、丸テーブルで食べ始めた。半分以上食べ終えたとき、向かいの八三歳と言っていた男性が話し出した。

「会社に勤めていたころはよく飲んでいたけれど、飲みながら商談をまとめたりしていたから、飲むのが仕事のようになっていた。何をしていても売り上げはうなぎ上りだったから、上司は何も言わなくて、良い時代だった。もう、ああいう時代は来ないよなー」

こちらにいた二人の男性が、受けて言った。

「ええ、もう来ない。ああいう良い時代は来ないね」

「そうだね。でもおたくの昔の社員は、過労死じゃあなくて、飲み過ぎで死んじゃったんじゃあないの」

笑いが広がった後、私が言った。

「このように船であちこちに行くと、日本の人たちにも頑張ってほしいと思いますね。昔の良き時代になるように、下船後、日本の人たちを指導して下さるといいですね」

こちらの男性は
「いや、若い人たちはよくやっているね。頭を使ってよくやっているから大丈夫」

と言う。

「でも、ITはあまり進んでいないようだし……」

言い渋っていると、先ほどの男性が口を開いた。

「IT関係のものは、使いこなして仕事をしていけばいいのであって、IT機器を作るのが目的ではないから」

「ＩＴ機器を使って仕事をすればいいんだからね」

と言った。船内で働いている人に対しては、

「彼らはちっとも働き者ではないよ。毎日同じことをやっているだけだから。進歩がないから」

と、厳しい。

しかし、面白い見方をする話を聞いていたら、私の船酔いの気分の悪さが治ったから不思議だ。

ビュッフェ方式の　船内の食事
混雑しない時間帯を選んでも　すぐいっぱいになる
味わうよりも　ただ噛み砕いて　養分を詰め込むこともある
楽しくおしゃべりするときは　お食事になる

「ブラックペアン物語　第一話」を映像で観る。

作家の海堂さんが自主講座にして、自分の作品を映像にしてテレビで放映したものを会場

で写し出した。

3　コロンビア共和国で、南米大陸の北端を歩く

カルタヘナに　……………………………………　七月二二日（日）

朝の六時、コロンビアのカルタヘナに入港した。港からカルタヘナの町を眺めると、白いビルが林立している所があり、開けている国だと見える。

水先案内人のカルロス・ゴンザレスさんから、「コロンビアの基本情報」は得ていた。

・南米大陸にあるコロンビアは、五か国と国境を接している。

・国土面積は日本の約三倍で、人口は約四九〇〇万人である。

・言語は、スペイン語と六〇の先住民言語が使われている。

要塞観光のために、歩いてボート乗り場に行く。ボートに乗るとき隣席の男性が、

「これはやはりヤマハの船だ。日本のですよ」

と言っている。相当揺れるのではないかと警戒したが、静かに動き出し、ガイドさんの説明も聞こえる。

・コロンビアには三二の地区があります。

・一九七八年ぐらいから新市街はマイアミに似ていると言われています。
・花の生産量はオランダに次いで、世界二位です。
ゆっくり動いていたが、そのうちに速度を増し、風を切って進み、実に爽快である。
着岸すると〔サン・フェルナンド要塞〕である。
・五〇人の軍隊がいて、町を海の攻撃から守っていました。
・要塞には、カトリック教会も二つあります。
しかし私には、要塞は、なんとなしに悲しみが滲んでいるように感じられる。

停泊していた数艘の帆船が　見る見る小さくなる
ボートは　カリブ海の風を切って進む
名前も知らない魚が　ぴょこぴょこ後ろに跳ねていく
目指した要塞は　要塞ゆえの悲しさが　滲み出ている

再びボートで戻り、カルタヘナ旧市街を歩く。サント・ドミンゴ広場には、ふくよかな女性の銅像やスペインから来た王女の銅像等がある。フランスやイギリスの人が攻撃してきたそうだ。サンタ・テレサ広場には教会や宝石店がある。

昼食後は陸側から町を守ったという〔サン・フェリペ要塞〕に行く。午前中に行った要塞より大きくて、要塞然としている。入場料も払って入った。人も多く、高い所まで登り、町の四方の眺望を楽しむ。少し広い所をあちこち歩いたり、土産物店を覗いたりした後、ゆっくり降りてくる。晴天で直射日光が暑いけれど、時々吹いてくる風が涼しく心地良い。

4　パナマ共和国で、パナマや運河の歩みを考える

パナマシティ観光　…………　七月二三日（月）

パナマシティ観光のためにバスで市内へ向かう。車窓には木の多い風景が続き、木々の緑は濃い。道路脇には膝ほどの低い木が植えてあり、濃いオレンジ色の花が咲いている。団地のような高層住宅も見える。

・大統領の家がある地域は四〇〇年以上の歴史があり、世界遺産になっている。

・カテドラル広場にはサンタマリア教会やホテルがある。

・（ホテルから少し歩くとある）廃虚のカトリック教会は、コロンブスが来たときに造ったもの。さらにサンホセ教会、サントドミンゴ教会と見ていく。教会が多い。

ペリカンのいる木があり、二～三羽が止まり近くを飛んでいるものもいる。

・この木がある所を「フランス広場」というのは、パナマ運河を建設し始めた人がフランス人であったから。

広場には銅像もある。少し遠くにはアメリカ橋が見える。車で旅行するときには必ずこの橋を通るということだ。

・ボリバル広場は、ベネズエラ出身のシモン・ボリバルがスペイン人をラテンアメリカから追い払った人だから、この名前の広場がある。

サンフランシスコ教会の中には入った。旧市街の広場も道路も石畳で、道幅は狭い。日本車が多いようで、度々ＴＯＹＯＴＡの車が目に入り、嬉しくなる。治安の悪さは度々注意されていて気になる。また、帰りの車窓では、木々の間からスラム街のように見える家々の灯りが見えた地域があった。

・パナマは北海道よりやや狭く、人口も四〇〇万人と少ない国です。

パナマは、スペインの植民地であった→コロンビアの一州になった→フランス人レセップスがパナマ運河の建設工事を始めたが難航した→アメリカが工事を始め、一九一四年に開通した→パナマ運河の生む富の多くがアメリカに流れていた→二〇世紀末日に運河返還を実現させた、という歴史がある。

パナマ運河通行／二〇代の生き方…………七月二四日（火）

朝六時前から、パナマ運河に関する船内放送が入る。拡張工事をして二〇一六年に開通した新しい運河は左側で大型船が入るが、私たちの船は右側から入る。約八〇キロメートルの航路が、太平洋とカリブ海（大西洋）とを繋いでいるそうだ。三箇所ほどの閘門《こうもん》を通過していくことになる。三時過ぎに何度目かの船内放送が入る。

「これからミラフローレンス閘門に入ります。この閘門は二段階になっています。全長一・九キロメートル、高低差一六メートル、所要時間一時間、太平洋に出る所なので、水門の扉は一枚あたり五〇〇トンあります」

ということだ。私は、左舷と右舷側だけでなく、後方も前方も見て、どんどん水が減っていく様子を確認する。新しくできた大きなパナマ運河を通っている大型船の頭だけが見える。

「パナマ運河接近」の　船内放送が入ると
私たち乗客は　右に走り　左に走る
遠くの湖水を眺め　真下の海を覗く
隣には　新運河走行船の　頭部も見える

少し若い水先案内人の四角さんという人が乗船してきた。「自由であり続けるために、二〇代で捨てるべき『五〇のこと』」のタイトルで、本人自身の生き方を中心に話した。若い人を中心に多くの人が聞いている。

5　コスタリカで、港町やサンホセを見る

平和憲法の国……………………………………**七月二五日（水）**

入港前に「軍隊をなくした平和国家・コスタリカ」と題した伊藤さんの話を聞く。

・世界から平和国家として高く評価されている。
・二〇一七年二月、コスタリカは世界に平和を輸出しましょうと話し合った。
・経済では開発途上国だが、平和や教育は素晴らしい。
・誰をも排除しないという考えで、ニカラグアの難民約一〇〇万人を受け入れた。
・『世界で一番幸せな国』で、二〇一四年から一位になっている。
北欧の国々が上位になっていたから、これは発展途上国の中でということのようだ。
・二〇一七年七月の国連核兵器禁止条約は賛成一二二で採択されたが、提案国も議長国もコスタリカであった。日本は不参加だった。

・「基本的人権は常に守られなければならない」二〇〇四年九月、ロベルト・サモラ氏は、大統領を憲法違反で訴えて勝った。
・『誰もが愛される権利を持っている』と、子どもの政治意識が高い。
・一九七四年より、一八歳から選挙権がある。
・エコツーリズム発祥の地。環境保護の先進国である。
・九九パーセントが自然エネルギーで、原発はゼロ。
・独裁者を作らないために、政治家は一期しかできない。
一国の概要を知るのはそれほど簡単ではないけれど、私なりに見てきたいと思っている。
緑と地震が多いのは、日本と似ている。

サンホセ観光 ……………………………………… **七月二六日（木）**

最初にスペインの植民地になった、港町プンタレナス。ここからバスで出かけると、日本人ガイドさんの熱心な説明が始まる。
・コスタリカは、中米で一番小さい国です。
・五〇〇万人の人口で、一〇〇万人が移民です。
・コスタリカは地震の多い国です。
・〇から一八歳まで、医療費は無料です。

・国花はランで、コスタリカには一六〇〇種類があります。
・一八二一年に、スペインから独立しました。
農業の国というように、フルーツ直売店やコーヒーの木が目につく。ガイドのイガラシさんは、四〇代ぐらいの日本人の女性で、コスタリカに二〇年住んでいるそうだ。ガイドさんも私たちも、お互いに懐かしそうに言葉を交わした。

民芸品市場は、一つのビルの中が迷路のようになっていて、三畳〜六畳くらいの広さの店が隙間なくびっしり並んでいる。その全ての店に商品が溢れている。一見、どこも大体同じような商品が並んでいるようだが微妙に違う種類と量である。色鮮やかさに惹かれて、私もスカーフや小物入れを買った。

国立劇場と国立博物館は外観を見て説明を聞いただけだが、コスタリカ美術館には入った。六〇〇〇点ほどあるそうである。大きくはないが、モザイクの絵のように、ちょっと変わった面白い絵が多い。私たち以外の入場者はいない。

オーキッドガーデン内のレストランで昼食である。大皿にビュッフェ方式で料理を取って食べるのだが、この方式に慣れてくると何か物足りない。ごたごた盛りで美しくないからかなと思い、日本の小鉢が懐かしくなったりする。

サンホセのラン園の中
色とりどりの　花木の中にいる　鳥たち
ニワトリまでも　絵の中にいるような形と色
ふっと　日本の家が　偲ばれる

ガイドのイガラシさんが、分かり易い説明をしてくれる。
・中米の国々の男尊女卑は伝統的なのだが、最近は社会の中に男女平等が広まりつつあります。
・サンホセの中心地以外は、番地がありません。
聞いている私たちが驚いていると、郵便配達が大変だとも言う。
・コスタリカは生物多様性の国です。
・貧しい地域が残っていることもあり、義務教育は無償です。
・サンホセは標高一二〇〇メートルで涼しいけれど、港は標高〇メートルで、常夏です。
次々と歯切れよく説明してくれる。
・コスタリカは、八か月間くらいが雨期です。
・コスタリカのマンゴーは一〇種類ぐらいあります。

・コスタリカは火山が多く土壌の質が悪いため、トンネルは一つしかありません。

リオより小さいが　カーニバルもあるというコスタリカ
港町の気温は　日本と同じくらいだ
緑や火山の多いところも　日本と似ている
ここでも　世界を狭く感じる

三〇〇年間も植民地であったという　中南米の国々
南北戦争では　一〇〇万人以上死傷者を出したという
その後　奴隷解放がされた
多くの国が　苦難の道を歩んできている

九条を活かす日本／世界を巡るおりづる／笑タイム　……………　七月二七日（金）

「九条を活かす日本」の話を伊藤さんがする。
・日本の憲法の九条の碑が、アフリカ沖のカナリア諸島にある。トルコのチャナッカレにも九条の碑がある。日本にも九条の碑が二〇ある。

・平和学は、ノルウェーで発達した。ヨハン・ガルトゥング博士は積極的平和として、紛争の元となる差別、格差、いじめ等をなくし、社会に正義をもたらすカントの主張等を取り入れ、平和は創られなくてはならないもの。カントは永遠平和のための条件として、
1軍隊の廃止　2侵略戦争の放棄　3民主主義等をあげた。
平和学や永遠平和の条件には、頷かされる。
「世界を巡るおりづる　～中南米編」は、ウエダさんとクラモリさんの報告である。
・キューバは核兵器禁止条約に批准していることもあってか、好意的に迎えてくれた。
・チェ・ゲバラが広島を訪問している。カストロも訪れている。
・我々の主張をしっかり受け止めてもらえた。
・人類が終わってしまう、地球が終わってしまう、とレベルが違うことを言っていた。
・コロンビアでは、内戦で多くの人が傷ついている。
・若者たちとも話し合い、対話が大事だと再認識した。
・パナマはいち早く署名した国で、女性が大活躍している。
・アイキャンのピンバッジを全員がつけて撮影した。
・七〇の学部があり、三万人いる大学にも行った。よくぞそこまで理解してもらっていると思った。

・中米には民族性がある。ヨーロッパとは全く違い、明るく温かかった。
・核の恐ろしさや被爆の状況についても、当然証言した。
人類が終わってしまう、地球が終わってしまうとは、衝撃的だが、そのとおりであると私も思う。顕在している問題は全て、数一〇年かそれ以上前から潜在していたことばかりに違いない。
「松本ヒロの笑タイム　～笑いあり涙ありの一〇〇分間」は、新しく乗船した水先案内人松本ヒロさんのショーである。お笑いの話は真面目な内容だが、面白くて大笑いする。

自然エネルギー／少女の未来／下船後は……七月二八日（土）

伊藤さんが「世界はすでに自然エネルギーの時代に」の話をする。伊藤さんの講座はいつものように面白く分かり易く、豊かな内容だ。
・ブラジルのタクシーの燃料は砂糖キビのエタノールで、バイオエネルギーの開発をしている。
具体的には分からないが、聞いたことはある話だ。
・コスタリカでは地熱発電で、一九八四年の段階で二〇パーセント、すでに大半が自然エネルギーである。
・西海岸のワシントン州のワラワラ村には三九九基の風車がある。

・アイスランドのブルー・ラグーンと地熱発電所は、蒸気を使って電気を作っている。地熱発電をきちんと開発すると、原発二〇基分の電気が取れる。
・アメリカ西側、インドネシア、日本が地熱発電をやり易い。日本のどの辺りだろう、その地域の人は、地熱発電をしようとしているのだろうか、等が気になる。
・ドイツでは、『脱原発宣言』をして、洋上風力発電機を作った。菜の花は車の燃料にしている。
・デンマークは、太陽光発電をするが、二〇五基の洋上風力発電機もある。現在は波力発電もしている。波力発電は、日本人が開発した。
・オーストリアは一二〇〇億円かけて原発を作ったが、一度も使わないで廃炉にした。
・フィリピンの原発は一九八五年にできたが、チェルノブイリ事故がおき、使うのをやめた。
・地熱発電所器材は全部、日本企業のマークが付いている。
・高知県の梼原町は自然エネルギーの町づくりをしている。北は風力発電、南は太陽光発電を中心にしている。二つで二億二〇〇〇万円の風車を作った。でも四年で元を取り、その後は毎年四〇〇〇万円の収益がある。

私が初めて知る話が、多いというよりほとんどだ。情報量の多さには毎回驚かされる。先ずは知ることで、それから考えて判断することだろう。自然エネルギーにはこんなにもいろいろあるのだ。

「三億円で繋げ少女の未来」は二四歳の男性の自主講座である。新聞記者をしていたこの男性は、仕事で、心臓病の小学二年生の少女のことを知り、助けてあげようと思って活動した。心臓移植のために募金を始め、半年で目標の三億一〇〇〇万円が集まり、少女は助かったという話であった。この少女は大変ラッキーであったと思う。

「船を降りたらどうする？　～誰でも起業家になれるヒント」について、伊藤さんが若い人に向けて話す。仕事を辞めて乗船している若者が、少なからずいるようである。起業、NPO、NGO、海外のNGOについて説明した後は、若者数人に各自の夢を語ってもらっている。

ブラックペアン物語／ピカドン／パーティー&ディナー　……………　七月二九日（日）

テレビで放映されたという「ブラックペアン物語」は終わったのかと思ったがまだあり、今回は⑧⑨話だ。別の患者になり、別の手術を別の器具を使ってするので、⑨まで続いてもあまり驚かない。医療現場や医療用語を知らない人たちが、それでも、病気を治すという身近な問題に引き付けられて見ているのではないか。私はそうであった。

「ブラックボヘミアン」で、四角さんが自分の人生を語った。自然の中で暮らしている四角さん、自由だけれど辛い部分も多いのではないかと思ってしまう。

「私は『ピカドン』を知らない」は、八六歳になったというトヨダさんの自主講座である。どこまでも積極的で、天晴れである。トヨダさん自身は原爆を知らないが、二〇代初めに結婚した旦那さんがそのとき仕事で広島に行っていたそうだ。そのことが後で分かり病気にもなって早く亡くなってしまったということだ。旦那さんは何が起きているのか分かっていたようで、手記を残していたそうだ。この手記を別の若い男性が読み、トヨダさんが当時の様子を話した。私は、トヨダさんの心身ともにある積極性や若々しさにまたまた引き付けられていた。

パーティー&ディナーの日であったが、私は少し遅くなったので普段の服でレストランに行ってしまった。白ワインが出たりしていたが、服装は普段着の人の方が多いくらいで、ほとんど気にならない。いつも部屋の四人で行くが、私はジムに行ったり詩の講座のまとめをしたりして遅くなったし、他の三人もそれぞれ何かあったようでばらばらであった。特別の服装でもなかったようだ。

隣席になった高齢と思われる男性は「パズルおじさんと呼ばれている」と言う。

「定年退職した後の手慰みに木工を始めた。パズルの小さい物は時間がかかる。八階で自主講座をしているが、三〇～四〇人は来てくれる。小さい子も来て、大喜びでやる」と穏やかな顔で言う。予想外の知らない話を、私が興味深く聞いていたからか、その人はポケットから三～四個の小さな木彫りの動物を出して見せてくれた。小さいのに手足や口や耳の曲線もきちっとできていて、一目見て「ワーッ凄い」と感嘆していた。感心して見入っていると、その人は、その中の一つをくれると言い、私は恐縮しながら貰っていた。

「女房の終の住処の仏壇も作ったんですよ。大きいものは大きいもので、また大変なんですよ」

と言う。お遍路にも行ったと言うので、私も行ったと話したことから、お遍路の話が盛り上がっていった。とはいえ、お遍路も私とはスケールの違うものであった。全部歩いて回ったとか、野宿もしたとか、全部で何万歩歩いたとか、高齢の男性にはとてもできないようなことをやっていた。今回の船旅でも「ツアーは八か所ぐらい取っただけで、他は全て一人で歩いて回った」と言い、驚かされる。私の旅が甘いのは分かっているが。

歌の旅人／旅のポエム／笑タイム／ブラックペアン……七月三〇日（月）

「歌の旅人　ファイナル」ということで、伊藤さんが「幸せなら手をたたこう」について話した。原作者は木村さんという人で、木村さんはキューバに学校を建てたそうだ。「歌の旅人」で、作詞家の人生の一端を聞くのも、声を出して歌うのも楽しかった。

「旅のポエム」は、私とマスダさんの名前で新聞に出している自主講座だ。いつも数人、この日は七人で少し多目の人数である。各自が書いてきた詩を順番に朗読して、感想を言い合う。最初に新聞に出したときは、一人来ただけだったので流してしまった。一週間余り経った時二回目で新聞に出した。やはり一人来ただけだったので流してしまった。自主講座をしようと二回試みて、希望者がいなかったのだから、もうしなくて良いことにすると決めていた。ところが、二回目に来たマスダさんに出会う度に、

「次はいつやるんですか？　やりましょうよ」

と、声を掛けられた。

「えっ、そう、皆さん来ないけれど。二人で？」

と私は言い、二人で細々やるのも良いか、と思っていた。三回目は新聞にも出さないで二人でやった。おしゃべりをしているようであったかもしれない。このときマスダさんは、

「新聞にも出しましょうよ。そうするともっと大勢になりますよ。タイトルも『旅の詩』とか『詩を書きませんか』とか地味なものではなくて、もっと派手なものを考えましょうよ」

と、大変前向きで私を揺さぶってくれた。二人であれこれ話し合い「旅のポエム」に決め、毎回船内新聞にも掲載してもらうことにした。顔見知りの人にも声を掛けたりして、人数も増え繋がってきた。やろうと思っていたことができるのは、嬉しいものだ。

「松本ヒロの笑タイム　～憲法って」の水先案内人の松本ヒロさんの話は、前回以上にというくらいに抱腹絶倒でありながら、深く考えさせられた。寒くて震えるようなブロードウェイの大会場で、汗だくになっての大熱演である。松本ヒロさんは、エネルギッシュだ。

「ブラックペアン物語」の映像は全一〇回もあり、私は一回目だけ見なかったが、他の九回は見た。心臓や心臓手術についての生々しい映像が今回もたくさん出ていて、却って「手術というものはそれほど恐くないものなのか」というような思いになっている。作者は医者であるからその知識を使って、多くの人が興味はあるけれど知らない世界を書くことができる。それは作者の強みであり、その強みをフルに生かしていると見える。

6 メキシコ合衆国で、伝統舞踊を楽しむ

プエルトバジャルタ観光／伝統舞踊…………七月三一日（火）

港町プエルトバジャルタでは、先ず中央市場に行った。魚、果物、野菜等々を見ていると、美味しそうなりんごを同室の人と食べたいと思い、買った。その後は、向かいにあったお墓の方を私は物珍しく眺めた。博物館で見るような石の柩が地面にそのまま置かれているものや、屏風のように石の囲いがあるものや、石の柩が地面から半分出ているものが不規則に並

んでいる。全部ではないが各お墓には、大きな原色の花が供えてあり、死者を大切にしている様子が伝わってくる。造花もあるようだ。

次に、市街の海に面した歩道を歩いていく。アーモンドの木の並木があり、バニラの実も生《な》っている。ブーゲンビリアの赤い花も所々に咲いている。歩道は、広く細長い公園のようである。間隔を置いて、それぞれ別の形をした幾つものモニュメントがある。最後のタツノオトシゴは一番有名らしいもので、その前は広場になっている。

バスの中では「一九七〇年に水道が通るようになり、一九八五年家庭にテレビが入るようになった」と言っていたから、この辺りが開けたのは早くないようだが、メキシコには古い歴史がある。

前一二〇〇年ごろからオルテカ文明が栄え→マヤ文明が存在し→アステカ文明が築かれた→その後三〇〇年間スペインの植民地になった→独立したが、アメリカと戦って敗れた→イギリスやフランスやイタリアが攻めてきた→フランスが帝政を敷いた→メキシコ革命が起きた→一九一七年に現行憲法ができた→一九九七年に一党支配が崩壊した→その後大きな発展をしているようだ。

このように、メキシコも波乱万丈の歩みをしてきたのだ。

タツノオトシゴのモニュメントのすぐ近くにあるグアダルーペの聖母教会も見学する。

その後は民芸品市場に行く。私は夫と私の運動用のシャツとパンツを買った。夫へのお土産らしきものを買って一安心。

テキーラ工房では、説明を聞いた後試飲であるが、私はアルコールに強くない。

伝統舞踊は、四人の男女が華やかな民族衣装で軽やかに踊る。何曲か踊った後は女性だけで踊ったり、衣装を替えて踊ったりする。馬に乗った男性も舞踊らしきことをして、最後に馬が前足二本を折り曲げて、頭も下げて「挨拶をしています」というのには驚いた。

華やかで可愛らしい民族衣装を振り回し　紐を跳んだり跨いだり
メキシコの　伝統舞踊を繰り広げる
馬までも脚を折り曲げ　挨拶する
拍手を送る客たちは　テキーラを飲み　タコスにかぶりつく

夕方、プエルトバジャルタ市長による歓迎のセレモニーがあった。屋外の港で行なわれる予定であったが、激しい雨が降ってきたため、船内のブロードウェイが会場になった。広島市長と長崎市長主催の「平和宣言の会」に加盟するという書類を受け取ったり、ピースボー

トの写真が入った額をプエルトバジャルタ市長と隣市三市の市長にそれぞれ渡したり、皆で写真を撮ったりした。

儀式が終わった後は舞踊である。きらびやかで豪華な衣装で、軽やかな身のこなし。昼食のときの舞踊と同じようだが、赤いドレスの女性三人、カウボーイのような帽子と親方のような制服を着た男性と、昼より多い人数で踊り曲数も多い。その後はこれまた華やかな縁取りがある白いドレス姿の、今度は背丈も大きい女性と男性が出てきて踊り始め、目を見張る。この舞踊の見せ所は、女性のスカートの裾の動きと共に、裾の柄が大きく激しく動き、それが交錯してとてもきれいに見えるところだろう。ブロードウェイのステージを所狭しとスカートを振り動かしながら動き回っている。そのうちに前に踊った赤いドレスの女性と男性も一緒になり、七組の男女が踊ると、観客席からは「オーッ」という声もあがり、正に目もくらむような舞踊の世界が繰り広げられた。昼食時の舞踊も、衣装も二回は替えてきたりして良かったけれど、四〜五人での舞踊であった。こちらは、その倍以上の人数である。岸壁でやるよりも、ブロードウェイでやるようになって、踊る方も見る方もそれぞれ良かったのではないか。市の公認のグループで、ハリスコ州の衣装と言っていた。この地域の売りは、テキーラと舞踊とオパールだそうだ。

舞踊で終わりかと思っていると「メキシコ伝統音楽」もあり、一四〜一五人で弦楽器中心の演奏をして、少年と思われる二人それぞれの独唱があり、それらも迫力があった。

コーヒー／組み木パズル／旅のポエム……………………八月一日（水）

ピースボートのスタッフが「コーヒーについて」話した。オーストラリア人で、コーヒーが大好きだそうだ。

・北と南の回帰線の間のコーヒーベルトという地帯で作る。
・熱帯で標高の高さが必要である。

豆からコーヒーになるまでや、コーヒーの歴史やコーヒーの消費状況や、それぞれを詳しく話していく。

・コスタリカでは生産量の九七パーセントが輸出される。
・毎日一三〇億杯消費されている。
・一人当たりの消費量が一番多いのはフィンランド、二位はノルウェー、三位はニュージーランドで、生産している国と消費している国が違う。

このこともあり、消費者はフェアトレードを心がけたいということだ。

「組み木パズルで遊ぼうⅧ」の講座を、八階広場でしていた。数日前にレストランで話を聞いたパズルおじさんの自主講座で、すでに八回目であった。六から七卓ある丸テーブルのあちこちに移動しながら、おじさんは助言している。私のことも覚えていて、大きな黒いキャリーバッグから私用のパズルを選び出してくれた。思ったよりずっと難しい。「わあ、難しいんだ」などと独りごとを言いながら頭をひねっていると、おじさんは「これは少し易しいかもしれないけど……」と言って、別のパズルを置いてくれた。少し小さめなそちらの方に取り組むことにした。特別易しくはないと思いながらも、パイの数が少なそうな小さい方は、いじっていると突然仕上がり、嬉しくなって歓声を上げていた。二つ目のパズルも仕上げて、私は自分の講座に行くことにした。

「旅のポエム」は、「日本の伝統文化・芸能の集い」と重なっていたので、参加者は四人だけであった。マスダさんは「自主企画申請」で席をはずし、ヤスダさんは、展覧会用の絵を仕上げなくてはならないのでと、少し早く席を外した。私とトシコさんの二人になったのでおしゃべりをしていた。トシコさんは、

「絵は、日本にいるときも月に一回習っていた。これまでも詩を書いてきて、文学賞を取ったときがあった。山には定期的に登っていた。カウンセラーの勉強をしてきて、幾つかの資格を取った。絵は乗船後も最初から教室に通っているが、先生の指示を聞く良い生徒ではない」

というようなことを言った。一見控えめなトシコさんだが、精力的にいろいろなことをしていた。

ピースボートの歩み／世界青年の船／他 ……………… 八月二日（木）

「ピースボート三五周年企画　～いのちが大切にされる社会をつくる」は、NGOピースボートがしたピースボートの歩みと精神の話で、乗船当初の講座と重なっているが、忘れていることも多いからかまわない。今回の九八回は、地球六六周目だそうで、凄いことだと思う。

「世界青年の船」は紹介で、乗船した数人が船内の様子や応募方法等の説明をした。四角さんの「アドベンチャーライフ」の話も聞く。イマイさんの自主講座「世界自転車旅行」も素晴らしい。

夏祭り ……………………………… 八月三日（金）

夏祭りで、ヨーヨーやかき氷や浴衣やと、祭りらしい雰囲気の船内になっている。私はお化け屋敷にだけ行こうと思っている。軽く考えていたが、そうでもないようだと間もなく気づく。

一時間くらい立って待っていて、途中手洗いにも行ったりして、やっと入れた。三人以下で入っていくということで、三人で入った。入口に破れた血染めの小さなTシャツが貼り付けてあり、黒くて大きくて、破れている暖簾をくぐって中に入っていく。入口近くに女の人がいて、お化けらしいその女性は、パソコンを動かしながら説明し、「女の子」という真っ白なぬいぐるみを、いなくなった女の子に返してほしいと言って手渡す。私たち三人はそれを持って進んでいく。出るか出るかと思いながら、恐る恐る歩いていく。入場する前は、どうせ素人の若者たちが少ない材料で少ない時間で考えたものだろうから、驚くほどのものではないだろう、くらいに思っていた。並んでいるときは中高年男性たちが、「若者が夕べから ずっと朝方までやっていたらしいよ。恐がってやらなきゃ」と言っていた。そんなこともあり、ミーちゃんハーちゃんというような軽い気持ちであった。けれど。一人が人形を持って歩きだすと、本心怖くなってきた。いつ、どこから出てくるのかヒヤヒヤしながら歩き、出てきそうな所からは出なく、出てきそうもない所からいきなり出てきたのには驚いた。お化けマスクをした人間が、突然パッと前途をふさぐように出てきたときは本当にびっくりし、怖かった。「ワー怖い」と口に出していた。スプレーでかけた水のようなものも落ちてくる。何度「怖い」という声を出しただろうか。最初の思いはどこへやら、「若い人たちやるじゃないの。さすが」と思っていた。「船内チャレンジ」という映像にしろ、いつもそれなりに凄い。

浴衣　うちわ　ヨーヨー　お化け屋敷もある
時間も　材料も　技術も無いのに　祭りらしくなっている

一時間も並んで入ったご褒美か　お化け屋敷は本心から怖い

「若い人たちやるじゃない！」又もや　拍手

航路と航海の雑学……………………………………**八月四日（土）**

「航路と航海の雑学」で、船長のハザマさんの話をいつものように興味深く聞く。面白い内容だけれど、画像が次々変わるので見るだけである。

健肩舞動／ジャパンハート／広島被爆証言会………………**八月五日（日）**

「健肩舞動」は、中国の人らしいすらりとした女性の自主企画である。この女性以外にも数人いるのかもしれないが、いろいろな場所でそれぞれ美しい舞動をしていて、私は通りがかりに何回か覗いていた。今回は参加してみた。健肩というだけあって、肩がよく動く。また舞動というだけあって、優雅な動きである。講師のにこやかな表情の美しい動きを見ているから、私の体も同じに動いているような気持ちになっていて、とても楽しい運動である。

「ジャパンハート　情熱大陸」は、元看護師の女性の自主講座で、海外医療ボランティアの紹介だ。現地に行って傷ついた子どもたちの治療をしている。紛争地近くでの医療行為で、物資が潤沢でない分大変だろう。知って頭が下がるだけだが……

「広島被爆証言会」は、ピースボートのおりづるプロジェクトの企画である。広島で三歳のとき被爆したウエダさんの証言である。ウエダさんは、パリッとしたスーツ姿でブロードウェイのステージに上がってきた。

「三歳六か月のときの八月六日の八時一五分、本を読んでもらっていたときだった。明るくなった空を見て「お月さんだ」と叫んだ。その後は、この世のこととは思えない光景を目にした。二〇センチ、五〇センチと皮膚が垂れ下がっていた人たちと出会った。ウジを箸で取ってあげていた。母親は五人兄弟であったがその叔母さんは、ガラスの破片がいっぱい刺さっていて血だらけだった。父はその年の秋に中国から帰ってきた。自分には目に見える被害はない。高校は広島市内だったが、特別のことはなかった。しかしその後、被爆が原因と思われる病気になり、何回も手術している。母親は、一九七五年に被爆者手帳を取得した」

等々の話を聞いた。

広島と長崎……………………………………八月六日（月）

「おりづるピースガイドと巡る　八月六日と九日」は、広島と長崎の関係箇所の写真や図、それぞれへの短い説明をし、数人ずつに一人が付いて案内している。私は、現場に行った所も数箇所あるけれど、広島と長崎の両方をまとめて見て、説明を聞くと、またまた胸に迫ってくるものがある。伝え続けることは必要だと思う。

その後少ししてデッキに出た。海に目を向けると雀のような鳥が飛んでいる。

小鳥が一羽　飛び回っている
小さな羽根を忙しく動かし　元気いっぱいに
疲れないのか　疲れたらどうするのか
四方八方が水平線の　太平洋上なのに

「海外へ旅した」。「数一〇か国に行った」。「地球を一周した」これらのこと、どれも言葉にするのも憚られる。時代が変わった。写真一枚も、フィルムから現像してもらっていたのに、デジカメになり、スマホやタブレットになり、パソコンに移しても利用している。海外への旅も、多くの人がしていることで全く珍しくはない。地球一周だって、数万人はしているのではないだろうか。珍しいことではない。

それでも私にとっては初めてのことで、全てが物珍しい。初めての貴重な体験を、初見の感動を、人と会っての心の震えを書き留めておきたいと思う。私の人生の一大イベントである。

7　再びアメリカ合衆国のシアトルで、自然に触れる

北上し　シアトルに向かう海上
再び　日の入りは遅く　日の出は早くなっている
早朝　薄明の中
デッキの上を歩き　深呼吸をする

シアトル着岸　……　八月七日（火）

朝七時ごろ着岸だが、またすぐには下船できないだろうと思っている。一人ずつの入国対面審査と指紋認証が義務付けられているからだ。東海岸のニューヨークでも行なったが、西海岸のシアトルでも同じことを行なうのだ。東海岸の二都市または西海岸の二都市に寄港するとしても、同じことをするのだろうか、と思ったりする。

対面審査は、一〇階の船室の人から始まる。一〇階には少人数しかいなく、九階と八階に船室は無いので、すぐに、私の船室がある七階の番になる。私は午後のツアーを取ってあるので、早く下船して港近辺を見ておくことにしている。同室の三人はフリーで、特別に急ぐ

理由もないようだ。四階や五階の人と行動を共にする約束をしている人もいる。私は予定通り早く港に出て、近くを歩いてみた。海の近くを歩いている限り、迷う心配はない。大観覧車も、目印になっている。そのうちにピースボートの人とも会い、近くの市場に行った。道路の両側、さらに歩道の両側にある市場の広さと商品の豊富さとで、見るだけでも楽しい。特に花束で売っている生花には、色鮮やかであることと大輪であることで目を引き付けられる。

市場を見て回った後はあちこちを歩き、市内を半周はしたようだと思うほど見て回った。市内には大きな木の緑が多い。また、市街は高台にあるので、あちこちから鮮やかなブルーの静かな海が見える。船内の寄港地情報で聞いていた、見るべき所は見たようだと思って港に戻る。

驚いたことに、五階や四階の人はまだ下船の順番が回ってこないようだった。一度下船した人は、全員が下船した後でなくては再乗船できないので、外で待っているしかない。結局一時間ほど立ったままで待ってから、やっと乗船できることになった。港の階段を使わないで、珍しくエレベーターに乗ったのは良かったけれど、すぐに着いた二階では後ろが開き、私は見事に尻もちをついてしまった。それを防ごうと手首も突いて「痛っ」と顔をしかめていた。

午後のツアーの前にレストランに行くと「四階だけどあんまり順番がこないから、もういいやって思って……」と、言っている人も数人いる。

昼食を終えて私は、「アメリカ西海岸で持続可能なエコライフ体験」のツアーに出かける。土手のような傾斜地にベリーなどの果樹が中心に植えてある。「食べられそうなのは自由に取って食べて下さい」などと言われながら、先ずは見て歩いた。その後、説明を聞きながらちょっとした作業をするということだ。

私は右手首が痛む事情を話して、見学をすることにした。やはりなにかの事情で見学することにしていた静岡のご夫妻は、私のことを気遣って手首を固定してくれたりした。作業はすぐに終わり、ピースボートからのプレゼントの「パキスタン桑」を、代表の若い人が植えた。二年ほどすると実が食べられるそうだ。現地の人たちが数種類の楽器を演奏したり、歌を歌ったりして聞かせてくれる。現地の人たちも果樹園も、どちらも日本に似ているような感じがする。

現地の一女性が中心になって作った夕食を皆で食べてお開きになった。

アイヌ民族／発表会 …… **八月八日（水）、九日（木）、一〇日（金）、一一日（土）、一二日（日）**

八日は一番に診療室に行って診てもらった。「骨折かもしれない（レントゲンがないのではっきりしないけれど）」ということで、腕を固定してくれた。字が書けなくなったりして、少々落ち込んでいたが、これまでの日々と同様楽しくて為になる講座や船客との出会いはある。

「アイヌって何？　～アイヌ民族の今と世界の先住民」の講座では、アイヌ民族の水先案内人である結城さんの話を聞く。結城さんはシアトルで乗船し、北海道で下船するようである。私はアイヌ民族のことを聞いたことはあったけれど、過去のことかと勝手に思い込んでいた。水、木、森などの自然をカムイ（神）として暮らしてきたアイヌ民族は今も健在で、差別されながら暮らしていたのだ。アイヌ民族である結城さんの話を聞いても、ドキュメンタリー映画「アイヌの姉妹の物語」を観ても、私が日々接している日本の人とどこにも違いはない。ハンセン病の人たちへの向かい方と似ているのではないか。自分と違うものは見ないようにしたり、見なかったり、偏見の目で見たり、差別したり、そのような傾向が少なからぬ人にあるのではないかと思う。無意識でいても私の中にも差別や偏見の目があり、ハンセン病患者やアイヌの人の話を聞いて、やっと目が開かれていくのだ。それに、病気や先住民族の件だけでなく、ほとんどのことが自分とは違っている。そのほとんどのことに差別はもちろん偏見の目を向けていたら、私たちは生きていけないのではないか。差別や偏見の芽を摘み取らなくてはいけないと思う。先ずは個々人が、そして家族、友人知人が、やがて地域、国、アジア、世界、地球と広がっていくのだと、気づかせてくれる。

「自主企画発表会」があり、「旅のポエム」も発表することにした。全員ステージに上がれば良かったのだけれど、他の発表に出る人もいるので、結局私を含めた四人がステージ上で複数ずつの詩の朗読をした。中央には寄港地の映像を出してもらい、両端に二人ずつが立っての朗読である。「参加することに意義があり」で参加したので、私はとても満足であった。

それぞれの感動　八月一三日(月)、一四日(火)、一五日(水)、一六日(木)、一七日(金)、一八日(土)

いつものようにさまざまな講座があり、社交ダンスの発表会もあり、避難訓練もある。七〇代のイマイさんは、「自転車で世界散歩」の自主講座を今も時々している。自転車で世界のあちこちを走りまわるのは凄いことだけれど、イマイさんにはさらに凄いことがある。「楽器練習ひろば」で毎朝ピアノの練習をしているし、テニスも時々しているのだ。その上、毎日俳句二句と短歌五首を書いていると言っていた。それぞれ相当違う分野のことを幅広く地道にしている人だ。

日付変更線を通過するために一四日は消滅日である。

朝食時に聞いた話の内容が印象的であった。ご夫妻で来ているのかと思ったら、女性は「いえ、弟です」と言い、話を続けた。

「フランスのモン・サン＝ミシェルを上まで歩いて登ったことが、わたしの一番の満足でしたよ。『絶対無理』と人から言われたけれど、一人で登ることにしたんですよ。杖代わりにしているカートは下に置いて、両手でロープを握ってよじ登って上まで行ったんです。『バンザーイ』って叫びましたよ。そこで売っていた物を、身近な人への記念のお土産に買いましたよ。自分が何かしたときは、人にあげるものだっていうんで。……大阪から来ました。大阪の人は一〇〇人以上も乗船しているから、県人会はできないんですよ」

私はモン・サン＝ミシェルに行くことができなかったので実感としては分からないけれど、写真で見ると相当高い。そこによじ登ったなんて、本人が言うまでもなく凄いことだ。この女性は私より五歳くらいは上で、杖代わりのカートを頼りに椅子から立ち上がっていた。この女性の感動が、私にも伝わってきて、応援していたり、私も頑張ろうと思ったりしている。

狭い船内を　あちこち忙しく　動き回る
体を動かし　頭を回転させ　口はさらに酷使している
何を一番に選び取るか　重要視するか
アリの行列にも見える　乗客たちの　個性が煌《きら》めく

日本へ……………………八月一九日（日）、二〇（月）、二一（火）

釧路に寄港して、あちこちへの観光をする。北海道在住でも、横浜まで乗船していくと言っていた人も何人かいた。私はまだ行ったことがなかった摩周湖と屈斜路湖に行き、摩周湖の青さに見入り、屈斜路湖の足湯を楽しんだ。車窓の風景は青々と広々していてきれいだけれど、人を一人も見かけないのは気になる。以前、新聞で読んだ内容も蘇える。「北海道が外国の人に爆買いされている」ということだ。北海道が日本でなくなるのは嫌だな、慣れ親しんだままの日本地図であってほしいなと思う。

船内はカード払いだから、北海道で日本円を久しぶりに使った。

夕食時、新しいエコシップの人気について話した後、六〇代半ばくらいの男性が話し始めた。

「社交ダンスとサルサを毎日やってきましたよ。朝八時半から一二時半まで休みがなく、ずっとやってきましたからきつかったですよ。皆勤で出席しましたから、表彰状を貰いましたよ。きつかったけれど、楽しかったです。姉がシアトルで帰ったことは、寂しくありませんね。よくみんなに言われるんですけれど」

シアトル在住のお姉さんに誘われて、二人で参加したと聞いている。奥さんに亡くなられ、子どもさんもいないため落ち込んでいたので、お姉さんが誘ったと言っていた。

ディナーパーティーのときの六七歳と言っていた男性は、亡くなった奥さんの「写真を持ってきていて船の窓の所で海が見えるようにして話し掛けているんですよ。魂っていうのはあるんだと思いますよ」と、亡き奥さんのことを話していた。

下船が近づいたとき、前回は「ビブリオバトル」が行なわれ、十人ほどの人がそれぞれお気に入りの本を紹介した。聴衆は、その紹介を評価するものである。

私は前回どちらも積極的ではなく、ほとんど参加しなかったので、今回は本を紹介する側で参加しようと決めていた。お気に入りの文庫本も持参して、ビブリオバトルが実施される日を心待ちにしていた。ところが残念ながら今回は無かった。お気に入りの本、アランの『幸福論』は、一人で温めておくことになった。

「オールスタッフショウ　～感謝の気持ちを込めて」では、スタッフたちが忙しい合間を縫って練習したものを披露した。

人生は旅　旅は人生　人生は修行
一〇六日間の旅は　一〇六日間の人生
旅を終えようとしている今は　靄に包まれていても
旅人の　血となり肉となって　これから飛び立つ力となるだろう

三回目の下船ともなると、慣れたもので落ち着いてできる。下船は、乗船よりも当然冷静である。乗船は祭りの始まりだが、下船は祭りの終わりだ。乗船中の私は、外から取り込んでばかりいたかもしれない。雑多な収穫物は消化も吸収もされずに私の中にあるようだ。私としては美味しく料理して、人々にも振る舞って喜んでもらいたい。

海外旅行も地球一周も珍しくはなくても、地球を三周した人はそれほど多くないかもしれない。私は、この体験で得たことを人に伝えることで、何らかの役に立ててもらえたら幸いである。もちろん、今後の私の人生にも生かしていきたい。

世界の平和は当然、誰もが願っていることである。この世界平和と繋がることだが、さらに重要なことがあると気づいた。地球の存続である。地球が傷ついたり、いびつになったり、無くなったりしたら大変である。ごみまみれの地球もご免である。この美しい地球を、美しいまま引き継いでいくことは、地球人の義務である。核も戦争も原発も、人類にはもちろん地球の敵であることは各所で見て聞いてきた。一見、大きく難しい問題のようでも、結局は一人一人の考えや小さな行動が、とても大切なことだと思う。

誰もが小さな行動を通して、世界の平和や地球の存続に寄与していきたい、いかなくてはならないと思う。地球あっての生物、人間である。私たちは美しい地球上で、各自が思い思い自由に楽しく生きていく権利がある。そのためには、各自が小さな義務を果たしていく必要がある。

炎天の中で家にたどり着き門を開けると、我が家の庭は花盛りである。からからに乾いた土の上を這うように延びた、赤、黄、白、ピンクの大量の松葉ボタンが色鮮やかに満開で迎えてくれた。両横にはひまわり、百日草、鶏頭等が、猛暑の中なのにきれいに咲いている。

そして、「お帰り」と、夫が迎えてくれた。

〔了〕

あとがき

地球を一周する船に三回乗り地球を三周した後も、一回目二回目と同様に、体験や考えをまとめることにした。

海外旅行やクルージングは、今や全く珍しいことではないし、地球一周も多くの人がしていることである。私も珍しいから書くというのではなく、世界各地を見て歩くことに憧れた一女性が、見たり歩いたり感動したりしたことを書いたということである。私のクルージング中の生きざまを書いたことになる。

憧れた旅での驚きや感動や日常の些細なことでも、一過性のこととして忘れ去ってしまうのは忍びない。私が歩んだ全てを書くことはできないが、クルージング中の主立ったことくらいは書いておき、忘れ去りたくない。作者の道楽とも言えそうだが、誰もが自分の望むことをして生きているのではないだろうか。

地球を三周して、たくさんのことを見て感じて考えてきた。中でも、最も重要だと思ったのは「地球を大切にすること」である。世界の平和も、地球の上にある。この美しく完璧な地球を壊したり、傷つけたり、汚したりしてはならないということである。

人間のみならず、地上の全ての動植物が生き生きと生きていける地球であり続けるためには、私たち個々の人間の行動が問われるだろう。ゴミを減らす、資源を大切にする等、身近なことから始まる。

生活を破壊する異常気象の豪雨や暴風。国土を海中に沈ませてしまう温暖化現象。死者が出るほどの猛暑。これらは、地球を大切にしてこなかった結果ではないだろうか。

そして、さらに広範囲で大きな地球破壊や害を及ぼす核実験などは、もってのほかである。地球を大切にすることは、地上の動植物や人類を大切にすることであり、人類を大切にすることは自分を大切にすることである。永遠に美しい地球が存続しなくてはならない。

今回も、ジャパングレイスやピースボートの方々には大変お世話になりました。船友の方々とは共に過ごし、楽しいお付き合いをしていただきました。ありがとうございました。

この本の編集者の遠藤由子様、代表者の佐藤裕介様にはいろいろと大変お世話になり、ありがとうございました。深く感謝いたします。

この本を読んでくださった方々、ありがとうございました。何らかのお役に立てたら幸いです。

二〇一九年八月

参考文献

『タゴール著作集　第十巻』　タゴール　第三文明社
『文学七　表現の方法』　南坊義道　岩波書店
『文学八　表現の方法』　小田　実　岩波書店
『私の戦争論』　吉本隆明　ぶんか社
『戦争と平和』　長谷川慶太郎　日本実業出版社
『日本の南洋戦略』　丸谷元人　ハート出版
『「新しい戦争」を日本はどう生き抜くか』　兵頭二十八　ちくま新書
『世界史のなかのニホン軍』　江口　幹　三一新書
『目でわかる世界紛争地図』　インターナショナル・ワークス編　幻冬舎
『日米〈核〉同盟』　太田昌克　岩波新書
『アメリカの世界戦略を知らない日本人』　日高義樹　PHP
『平和のための戦争論』　植木千可子　ちくま新書
『地球時代の国際政治』　坂本義和　岩波書店
『原爆から水爆へ』　リチャード・ローズ　紀伊国屋書店
『世界に学べ！　日本の有事法制』　郷田　豊　芙蓉書房出版
『わたしたちのアジア・太平洋戦争3』　古田足日　他　童心社

『アーロン収容所』　会田雄次　中公文庫
『写真・絵画集　日本の女たち』　一番ヶ瀬康子　日本図書センター
『なぜ、おきたのか？　ホロコースト』　クライブ・A．ロートン　岩崎書店
『アウシュビッツの子どもたち』　アルビン・マイヤー　思文閣出版
『核廃絶と世論の力』　長崎市核軍縮を求める二十二人委員会　岩波ブックレット
『地球時代に生きる日本』　坂本義和　岩波ブックレット
『世界平和への戦略』　大塚　進　早稲田出版
『非核の日本無核の世界』　浅井基文　労働旬報社
『近くて遠い国　アジアを考える本1・7』　村井吉敬　岩崎書店
『人権を考える本④女性・戦争と人権』　角田由紀子・南　典男　岩崎書店
『ビジュアル博物館・古代ギリシャ』　アン・ピアスン　同朋舎出版
『ビジュアル博物館・古代ローマ』　サイモン・ジェイムズ　同朋舎出版
『ビジュアル博物館・中世ヨーロッパ』　アンドリュー・ラングリー　同朋舎出版
『ビジュアル博物館・第一次世界大戦』　サイモン・アダムズ　同朋舎出版
『ビジュアル博物館・第二次世界大戦』　サイモン・アダムズ　同朋舎出版
『ビジュアル博物館・ロシア』　キャスリーン・B・ミューレル　同朋舎出版
『ビジュアル博物館・バイキング』　スーザン・M・マーグソン　同朋舎出版
『ビジュアル博物館・北極と南極』　バーバラ・テイラー　同朋舎出版

『ビジュアル博物館・海賊』　リチャード・プラット　同朋舎出版
『ビジュアル博物館・アメリカインディアン』　デビッド・マードック　同朋舎出版
『地球温暖化のすべて』　西崎邦夫　北海道新聞社
『世界の地理6・北ヨーロッパ』　田辺　裕　朝倉書店
『世界の地理11・イタリア、ギリシャ』　田辺　裕　朝倉書店
『世界の地理8・フランス』　田辺　裕　朝倉書店
『世界の地理22・日本、朝鮮半島』　田辺　裕　朝倉書店
『現代メキシコを知るための60章』　国本伊代　明石書店
『私たちを忘れないで　ドイツ平和村より』　東　ちづる　ブックマン社
『反米大陸』　伊藤千尋　集英社新書
『核兵器を禁止する』　川崎　哲　岩波ブックレット
『公教育をイチから考えよう』　リヒテルズ直子　日本評論社
『ニュースがわかる世界各国ハンドブック』　「世界各国ハンドブック」編集委員会　山川出版社
　その他各種旅行ガイドブック
船内新聞・パンフレット

〈著者略歴〉


1947年、山梨県生まれ。

埼玉県在住。

公立小中学校の教師を経て主婦に。

その後、短編小説やエッセーを書いている。

著書に『見て聞いて101日間の地球一周船旅』『南半球巡り105日間の地球一周船旅』などがある。

北欧・北極圏巡り　106日間の地球一周船旅

2020年11月25日　　初版第一刷発行

著　者　　戸山 和子
発行人　　佐藤 裕介
編集人　　遠藤 由子
発行所　　株式会社 悠光堂
〒104-0045 東京都中央区築地6-4-5
シティスクエア築地1103
電話：03-6264-0523　FAX：03-6264-0524
http://youkoodoo.co.jp/
印刷・製本　日本印刷株式会社

ISBN978-4-909348-26-5　C0095